本教科書の音声を、下記ウェブサイトにて聴くことができます。

https://text.asahipress.com/free/german/lotse/

表紙デザイン：ease

本文デザイン：明昌堂

本文イラスト：駿高 泰子（Yasuco Sudaka）

写 真 提 供：Dieter Ammann
　　　　　　Margit Ammann

はじめに

本書のタイトル『Lotse』(ローツェ)はドイツ語で「案内役」を意味します。本書は、ドイツ語文法を初めて学ぶ人のために作られた書き込み式文法教科書であり、ドイツ語の文法知識を実践的に学べるように、「書くこと」を重視しています。ドイツ語文法の習得のために、「例文解説」、「各変化表の穴埋め」、「独作文練習問題」が3本柱となっており、各例文の発音は専用のwebページ(URLは左頁参照)からストリーミング再生で確認できます。その際に生まれる3段階の学習サイクル(①「自宅での予習」→②「授業での確認」→③「授業での復習」)を通じて、一歩ずつドイツ語文法を習得する達成感を味わってください。

予習ポイント

各課の冒頭に「予習ポイント」が示されており、そこで列挙された番号に応じて「どこを予習すべきか」・「何を達成すべきか」が明確になっています。例えば「 予習ポイント 」に「⑤練習問題に解答する(S.8 チャレンジ)」とあれば、8頁の「 ⑤ チャレンジ 」の練習問題に取り組むといった流れです。

どのようなもの？

ここでは文法用語をかみ砕いて説明しています。このコーナーの特徴は、日本語での説明のみならず、文章の作り方を学ぶために、Z. B. (Zum Beispiel =「例」)という小項目で、その説明に沿ったドイツ語の例文が豊富に紹介されている点です。

Übung (巻末解答例あり)

主に冠詞や動詞の変化表を自分で作っていく練習問題です。巻末に Übung の解答例が掲載されているので、自宅での予習にはもちろんのこと、語尾変化などのちょっとした確認にも最適です。

チャレンジ (巻末解答例なし)

自力で解く練習問題です。巻末に解答例はありませんが、その難易度は、「穴埋め問題→独文和訳→ドイツ語作文」と段階的に上がっていくので、初学者でも無理なく解答できます。

補遺・文法索引

巻末にある「補遺」のコーナーでは、ドイツ語の時間表現や数詞、中級レベルの文法項目が紹介されており、「文法索引」では、あいうえお順とアルファベット順で文法項目を逆引きできるように工夫されています。

本書を通してドイツ語文法の基礎・応用が習得できることを願っています。なお、立教大学の David Weiss 助教はいくつかのドイツ語の例文をチェックしてくださいました。また、友人の Dieter Ammann さん・Margit Ammann さんご夫妻は、ドイツの風景写真を一部提供してくださいました。この場を借りて感謝致します。最後に、本書出版のために尽力してくださった朝日出版社の日暮みぎわさんには、きめ細かいアドバイスも含めて大変お世話になりました。ここに深く感謝申し上げます。

2019年1月　馬場 浩平

ドイツ語圏略地図（□はドイツ語使用地域）

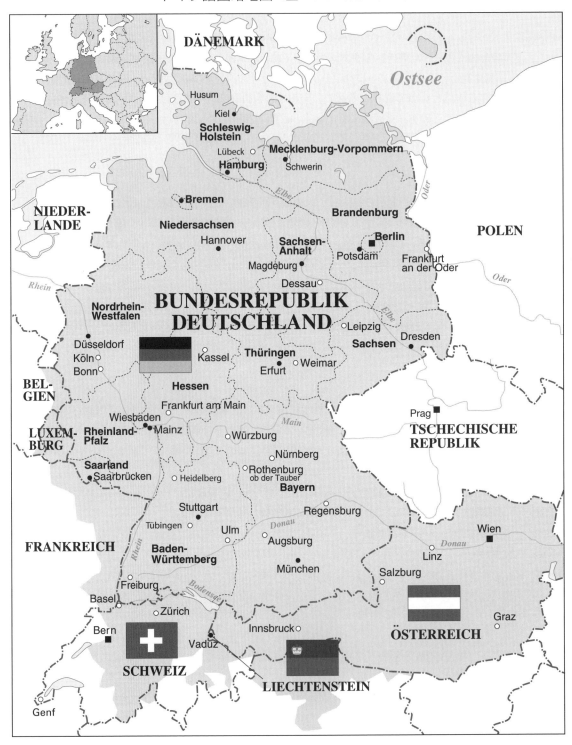

目　次

Lektion 0	発音	2
Lektion 1	人称代名詞／規則変化動詞の現在人称変化	6
Lektion 2	疑問文とその受け答え	10
Lektion 3	名詞と冠詞	12
Lektion 4	名詞の複数形	16
Lektion 5	定冠詞類・不定冠詞類	20
Lektion 6	不規則変化動詞の現在人称変化	24
Lektion 7	命令法	28
Lektion 8	前置詞	32
Lektion 9	人称代名詞	38
Lektion 10	未来形	40
Lektion 11	分離・非分離動詞	42
Lektion 12	形容詞	46
Lektion 13	話法の助動詞	52
Lektion 14	疑問詞・不定代名詞	56
Lektion 15	非人称代名詞 es	59
Lektion 16	動詞の3基本形	60
Lektion 17	現在完了形	64
Lektion 18	接続詞	68
Lektion 19	再帰代名詞・再帰動詞	72
Lektion 20	zu 不定詞	76
Lektion 21	受動態	78
Lektion 22	比較級	82
Lektion 23	関係代名詞	86
Lektion 24	接続法	92
	補遺集	100
	数詞	102
	文法索引	103
	Übung 解答例	106
	主要不規則動詞一覧表	123

Lektion 0 発音

予習ポイント

① ドイツ語の母音の発音記号を基に発音する (S.2)
② ドイツ語の母音をハキハキと発音する (S.2)
③ ドイツ語のアルファベット、特にRとエスツェットを正しく発音する (S.3)
④ 複合母音や子音を正しく発音する (S.4-5)

A 母音の発音記号 1-02

① 次の発音記号を基に発音しよう。

a	口を「ア」と大きめに開けてはきはきと発音。	aː	「アイウエオ」のアー
i	唇を横一文字に「イ」とスマイル。	Y	「イ」と「ウ」の中間
u	口を小さく尖らせてタコのように「ウ」と発音。	uː	「ウー」
e	唇を横一文字に「エ」とスマイル。	ɛ, ə	「アイウエオ」のエ
		œ, ø	「オ」と「エ」の中間
o	口を小さく尖らせてタコのように「オ」と発音。	ɔ	「アイウエオ」のオ

B 母音 (Vokal) の発音 1-03

② ドイツ語の母音は日本語の「ア・イ・ウ・エ・オ」をハキハキと発音すればよい。

発音記号	[aː]	[iː]	[uː]	[eː]	[oː]
小文字	a	i	u	e	o
大文字	A	I	U	E	O

☆以下のドイツ語の単語を発音してみよう。ドイツ語特有の単語のアクセントは最初にある。

a	Apfel	[ápfəl]	(アプフェル)	リンゴ	arbeiten	[árbaitən]	(アーバイテン)	働く
i	immer	[ímər]	(イマー)	いつも	in	[ɪn]	(イン)	〜の中に
u	Ursprung	[úːrʃprʊŋ]	(ウーアシュプルング)	起源	U-Bahn	[úːbaːn]	(ウーバーン)	地下鉄
e	eben	[éːbən]	(エーベン)	平らな	Ende	[éndə]	(エンデ)	終わり
o	oben	[óːbən]	(オーベン)	上に	Onkel	[ɔ́ŋkəl]	(オンケル)	おじ

C アルファベット (Das Alphabet) 1-04

✎ ③ ドイツ語のアルファベットをハキハキと発音してみよう。

A	B	C	D	E	F	G	H	I
a	b	c	d	e	f	g	h	i
aː	beː	tseː	deː	eː	ɛf	geː	haː	iː
J	K	L	M	N	O	P	Q	R
j	k	l	m	n	o	p	q	r
jɔt	kaː	ɛl	ɛm	ɛn	oː	peː	kuː	ɛr
S	T	U	V	W	X	Y	Z	
s	t	u	v	w	x	y	z	
ɛs	teː	uː	faʊ	veː	ɪks	ýpsilɔn	tsɛt	
Ä	Ö	Ü						
ä	ö	ü	ß					
ɛː	øː	yː	ɛstsɛ́t					

✓ チェック 1-05

【R (r) の発音】
☆ドイツ語の「R (r)」は、「エグぅ」と「グぅ」をうがいするように息で発音する。母音の後に出てくる場合（**Z.B.** Mo<u>r</u>gen【モー**ア**ゲン】）、普通に「ア」と発音して良いが、子音 (Konsonant) の後に出る場合（**Z.B.** B<u>r</u>uder【ブルーダー】）は、うがいするように息で発音する。練習する場合は「グァグぃグぅグぇグぉ」([ra,ri,ru,re,ro]) を息で発音してみる。

【ß「エス・ツェット」と ss に関して】
☆ ß と ss は、全く同じ [s] の発音だが、前に長母音がある場合（**Z.B.** sü<u>ß</u>【ズー**ス**】「甘い」）、ß と書き、それ以外の短母音の場合（**Z.B.** da<u>ss</u>【**ダス**】「〜ということ」）は ss と書く。

D 単語の発音 (Die Aussprache)

 複合母音や子音を正しくハキハキと発音してみよう。

D-1 【ウムラウト (Umlaut)】 1-06

ä	[ɛː] / [ɛ]	エ	Mädchen	[mɛ́ːtçən]	(メートヒェン)	少女
			ändern	[ɛ́ndərn]	(エンデアン)	変える
ö	[øː] / [œ]	オェ	hören	[hǿːrən]	(ホェーァレン)	聞く
			können	[kœ́nən]	(コェネン)	〜できる
ü	[yː] / [ʏ]	ィユ	übrigens	[ýːbriɡəns]	(ィユーブリゲンス)	ところで
			üppig	[ýpɪç]	(ィユピッヒ)	うっそうとした

D-2 【複合母音】 1-07

ei	[aɪ]	アイ	bei	[baɪ]	(バイ)	〜のそばで
			eins	[aɪns]	(アインス)	1
ie	[iː]	イー	tief	[tiːf]	(ティーフ)	深い
			Ziel	[tsiːl]	(ツィール)	目的
eu	[ɔʏ]	オイ	Europa	[ɔʏróːpa]	(オイローパ)	ヨーロッパ
			Leute	[lɔ́ʏtə]	(ロイテ)	人々
äu	[ɔʏ]	オイ	träumen	[trɔ́ʏmən]	(トロイメン)	夢を見る
			Bäume	[bɔ́ʏmə]	(ボイメ)	木々
au	[aʊ]	アオゥ	Baum	[baʊm]	(バオゥム)	木

D-3 【子音 (Konsonant)】（語末の子音は全て息で発音する） 1-08

b	[p]	プ	halb	[halp]	(ハルプ)	半分の
d	[t]	トゥ	Stadt	[ʃtat]	(シュタットゥ)	町
g	[k]	ク	Berg	[bɛrk]	(ベアク)	山
ig	[ɪç]	イッヒ	König	[kǿːnɪç]	(コェーニッヒ)	王

その他 1-09

ch [x] （a の後は「ハ」、o と au の後は「ホ」、u の後は「フ」を息で発音）
      Bach [bax] （バッハ）小川   noch [nɔx] （ノッホ）まだ
      Bauch [baux] （バオホ）腹   Buch [buːx] （ブーフ）本

[ç] （それ以外は「ヒ」と息で発音する）   ich [ɪç] （イッヒ）私

chs	[ks] クス	Fuchs	[fʊks]	（フクス）	キツネ
j	[j] ヤ行で発音	ja	[jaː]	（ヤー）	はい
pf	[pf] プフ	Kopf	[kɔpf]	（コップフ）	頭
s ＋母音	[z] ザ行で発音	sagen	[záːgən]	（ザーゲン）	言う
ss, ß	[s] ス	Fluss	[flʊs]	（フルス）	川
		Fuß	[fuːs]	（フース）	足
sch（語頭）	[ʃ] シュ	Schuh	[ʃuː]	（シュー）	靴（片方）
sp（語頭）	[ʃp] シュプ	Spur	[ʃpuːr]	（シュプーア）	足跡、わだち
tsch	[tʃ] チュ	Deutsch	[dɔʏtʃ]	（ドイチュ）	ドイツ語
ds, ts, tz	[ts] ツ	tausendst	[táʊzəntst]	（タオゼンツト）	1000番目の
		Katze	[kátsə]	（カッツェ）	猫
v	[f] フ	Vater	[fáːtər]	（ファーター）	父
w	[v] ヴ	Wetter	[vɛ́tər]	（ヴェッター）	天気
z	[ts] ツ	Zeit	[tsaɪt]	（ツァイト）	時間
qu	[qv] クヴ	Quelle	[kvɛ́lə]	（クヴェレ）	泉

外来語の子音 （外来語のアクセントの多くは後半に来る） 1-10

ch	[k] カ行で発音	Charakter	[karáktər]	（カラクター）	性格
	[ʃ] シュ	Chef	[ʃɛf]	（シェフ）	上役
j	[dʒ] 英語の J 発音	jobben	[dʒɔ́bən]	（ジョベン）	アルバイトをする
g	[ʒ] ジュ	Genie	[ʒeníː]	（ジェニー）	天才
ph	[f] フ	Phantasie	[fantaziː]	（ファンタズィー）	ファンタジー
th	[t] タ行で発音	Theater	[teáːtər]	（テアター）	劇場
ti	[tsi] ツィ	Nation	[natsióːn]	（ナツィオーン）	国家
v	[v] ヴ	November	[novɛ́mbər]	（ノーヴェンバー）	11月
y	[yː], [y] ィユ	Typ	[tyːp]	（ティユープ）	タイプ
		Symbol	[zʏmbóːl]	（ジュムボール）	シンボル

Lektion 1 人称代名詞／規則変化動詞の現在人称変化

予習ポイント

① 動詞に線を引き、ドイツ語で（ ）を埋めてドイツ語を和訳する (S.6 チャレンジ)
② a 動詞の語幹と語尾を識別する (S.6) → ② b 語幹と語尾を表に書き出す (S.6 Übung 1)
③ a 動詞の現在人称変化を学ぶ (S.7) → ③ b 現在人称変化表を埋める (S.7 Übung 2)
④ a 不定詞句を作る (S.8 チャレンジ) → ④ b 不定詞句から平叙文を作る (S.8 Übung 3)
　→ ④ c ドイツ語の平叙文を作る (S.8 チャレンジ)
⑤ 練習問題に解答する (S.9 チャレンジ)

A 動詞の不定詞と語幹と語尾 (Infinitiv und Wortstamm und Endung) 1-11

① チャレンジ 以下のドイツ語の文中にある動詞に線を引き、（ ）に自分の名や出身地などを記入し、和訳してみよう。

(1) Hallo. Ich heiße (　　　　　).

(2) Ich komme aus (　　　　　). （日本= Japan, ドイツ= Deutschland, 中国= China, 韓国= Südkorea）

(3) Ich lerne (　　　　　). （ドイツ語= Deutsch, 英語= Englisch, 日本語= Japanisch, 仏語= Französisch）

2a 動詞の語幹と語尾を識別してみよう。

> 1)【動詞の不定詞】辞書の見出し語になっている動詞・助動詞の原形。　　Z. B. *heißen
> 　　　　　　　　　　　　　　　　　　　　　　　　　　　　　　　*Z. B.= Zum Beispiel「例」
> 2)【語幹】 基本的に動詞の変化しない部分。　　Z. B. heiß|en
> 3)【語尾】 主語〈人称〉に応じて変化する動詞の尾の部分。ドイツ語の場合 -en か -n の2種類のみ。
> 　　　Z. B. heiß|en / tu|n

2b Übung 1 以下の表に動詞の語幹と語尾を区別してそれぞれ書き出してみよう。(→巻末付録 S.106)

ドイツ語（不定詞）	語　幹	語　尾	英　語
heißen			be called
kommen			come
lernen			learn
sein			be

B 人称代名詞と動詞の現在人称変化 (Personalpronomen und Konjugation im Präsens)

3a Übung 2
英語とドイツ語の人称代名詞を比較しながら、ドイツ語の現在人称変化語尾を学ぼう。1-12

	単　数　形 (Sg.=Singular)			複　数　形 (Pl.=Plural)		
	英　語	ドイツ語	語尾	英　語	ドイツ語	語尾
1人称	*I* 私が	ich	-e	*we* 私たちが	wir	-en
2人称（親称） 　　　（敬称）	*you* 君が *you* あなたが	du Sie	-st -en	*you* 君たちが *you* あなた方が	ihr Sie	-t -en
3人称	*he* 彼が *she* 彼女が *it* それが	er sie es	-t	*they* 彼らが 彼女らが それらが	sie	-en

3b Übung 2
上の表を参考にしながら、以下のドイツ語の現在人称変化表を埋めてみよう。（→巻末付録 S.106）

	kommen	lernen	heißen	reisen	arbeiten
ich					
du					
er / sie / es					
wir					
ihr					
sie / Sie					

✓ チェック

1) ドイツ語の **ich** は文頭以外では常に小文字で表記する。**Z. B.** 〔○〕Heute lerne **ich** Deutsch.
〔×〕Heute lerne **Ich** Deutsch.
2) ドイツ語2人称は「親称」では単数は du，複数は ihr だが、「敬称」では単数も複数も同じ Sie である。
3) ★【親称】du「君」、ihr「君たち」は、家族や友人など親しい間柄で使われる。
★【敬称】Sie「あなた（たち）」は、上司などの距離のある相手に対して使われる。
★敬称2人称 Sie は、動詞の変化でも、3人称複数形 sie「彼（女）ら」と全く同じ変化になるが、頭文字の表記が常に大文字表記である点に注意する。**Z. B.** Heute haben **Sie** keine Zeit.
4) 「定動詞」とは主語に応じて語尾変化（人称変化）させられた動詞のことである。
5) 不定詞の語幹が -d / -t で終わる時（leiden, arbeiten 等）、2人称単数(du)・複数(ihr)と3人称単数(er, sie, es)の定動詞の語幹と語尾の間に -e を入れる。これを**口調上の -e** という。
Z. B. du leid**e**st / er leid**e**t
6) 不定詞の語幹が -s / -ss / -ß / -tz / -z で終わる時（reisen, heißen 等）、2人称単数(du)の語尾にはただ -t だけを付けて、発音しやすくする。**Z. B.** du reis**t** / du heiß**t**
7) ドイツ語には英語のように現在進行形はない。現在形がそのまま現在進行形としても使われる。つまり、
Z. B. Ich trinke Wein. = *I drink wine.* 　私はワインを飲む。
= *I am drinking wine.* 　私はワインを飲んでいる。
と2通りの意味が成り立つので、文脈によってどちらの意味が正しいかを判断する。

C 不定詞句の語順と定詞の位置 (Infinitivphrase und Position des finiten Verbs)

C-1 不定詞句

【どのようなもの？】 1-13

不定詞句とは…動詞の不定詞が文末にある語群。基本的に「句」と呼んでいる以上、まだ文ではないため、主語がない。

z. B. jetzt Deutsch lernen（jetzt＝今）（英 *learn German now*）＝今ドイツ語を学んでいる

4a チャレンジ 次の日本語をドイツ語の不定詞句で書き換えてみよう。 1-14

今日来る

(今日＝ heute, 来る＝ kommen)（英 *come today*）

ヒント ドイツ語の不定詞句の語順は、**日本語の語順とほぼ同じ**になる。

C-2 定動詞第2位の法則

【どのようなもの？】

定動詞（動詞の定型）とは主語に応じて語尾変化させられた動詞であり、平叙文（主語＋動詞＋目的語〈あるいは補語〉という普通の文）では2番目の位置に移動する動詞のことである。これを定動詞第2位の法則という。

4b Übung 3 heute Deutsch lernen「今日ドイツ語を学ぶ」という不定詞句を用いて du を主語とする平叙文を作ろう。（→巻末付録 S.106） 1-15

今日ドイツ語を学ぶ　　　heute Deutsch lernen

Du (　　　　　　)　　　　　　　　　　　　　　　. 　　君は今日ドイツ語を学ぶ。

4c チャレンジ 「今日」を意味するドイツ語を文頭にして次の和文をドイツ語の文に書き換えてみよう。 1-16

今日君はドイツ語を学ぶ。

→

✓ チェック

1) (2) の文の場合の注意点：英語では *today* のような副詞から文を始めることができるように、ドイツ語でも heute から文を始めることができるが、その後に**コンマを入れないように注意**する。
   z. B. (×) Heute, lernst du Deutsch.
2) この場合も平叙文なので**定動詞は2番目**となる。
   z. B. (×) Heute du lernst Deutsch. → (○) Heute **lernst** du Deutsch.

⑤ チャレンジ　次の練習問題に答えよう。1-17

1) 次のドイツ語の文中の（　）内に【　】の動詞を現在人称変化させて記入し、かつ和訳しなさい。

(a) Ich （　　　　　） Germanistik in Berlin.【studieren】

(b) Morgen （　　　　　） du nach Deutschland.【reisen】

(c) Michael （　　　　　） heute nicht.【kommen】

2) 次の和文を独訳しなさい。

(a) 君たちはドイツ（Deutschland）出身である。

(b) 今日（heute）彼らは東京で（in）働く。【「今日」を文頭に】

(c) 彼女は明日（morgen）ここで（hier）踊る（tanzen）。

Lektion 2 疑問文とその受け答え

予習ポイント

○ 3種類の疑問文を学び、それぞれの問答をドイツ語で作文する。
会話で使われるドイツ語の疑問文には通常、A 補足疑問文、B 決定疑問文、C 否定疑問文の3種類ある。

A 補足疑問文 (Ergänzungsfrage)

1) 【どのようなもの？】「いつ？」や「だれ？」などの疑問詞が文頭に位置する疑問文。
2) 【文の作り方】疑問詞を常に文頭に置き、平叙文と同様に定動詞は2番目。
3) 【疑問詞】wann いつ　wo どこ　wer 誰　was 何　warum なぜ
　　　　　　wie どのように　woher どこから　wohin どこへ

1-18

z. B. Wie **heißen** Sie?　あなたの名前は何ですか。— Ich **heiße** Michael.　僕の名前はミヒャエルです。

✏️ チャレンジ　次の問答文をドイツ語に訳してみよう。 1-19

(1) 君の名前は何ですか。— 私の名前はリカです。

(2) どこから君は来ましたか。— 私は日本出身です。

(3) 君は何を学んでいますか。— 私はドイツ語を学んでいます。

B 決定疑問文 (Entscheidungsfrage)

1) 【どのようなもの？】ja（はい）か nein（いいえ）を問う疑問文。
2) 【文の作り方】2番目の定動詞を1番目に持ってくるだけ。英語の *Do~*〔代動詞〕はない。
3) 【答え方】肯定は：Ja（否定は Nein）、〔小文字で始まる〕平叙文*.

1-20　　　　　　　　　　　　　　*ただし敬称2人称 Sie と普通名詞の場合は大文字で始まる。

z. B. Heißen Sie Michael?　あなたはミヒャエルという名前ですか。
　— **Ja**, ich **heiße** Michael.　　　　はい、僕の名前はミヒャエルです。【肯定文】
　— **Nein**, ich **heiße nicht** Michael.　いいえ、僕の名前はミヒャエルでは**ありません**。【否定文】

Lektion **2** 疑問文とその受け答え

✏️ **チャレンジ**　次の問答文をドイツ語に訳してみよう。1-21

(4) 彼女の名前はリカですか。— はい、彼女はリカという名前です。

(5) 彼女の出身はドイツ（Deutschland）ですか。— いいえ、彼女はドイツ出身ではありません（nicht ＝英 *not*）。

(6) 彼女は今（jetzt）、英語を学んでいますか。— いいえ、彼女は今ドイツ語を学んでいます。

C 否定疑問文（Negationsfrage）

1)【どのようなもの？】「～ないの？」と問う否定詞 nicht などが入った疑問文。
2)【文の作り方】定動詞の位置は決定疑問文と同様1番目で、否定詞 nicht を否定したい語の前に置く。
3)【答え方】肯定は Doch（否定は Nein）、〔小文字から始まる〕平叙文*。

1-22　　　　　　　　　　　　　*ただし敬称2人称 Sie と普通名詞の場合は大文字で始まる。

z. B. Heißen Sie nicht Michael?　あなたはミヒャエルという名前では**ない**のですか。
　— **Doch**, ich heiße Michael.　いいえ、僕の名前はミヒャエル**です**。【肯定文】
　— **Nein**, ich heiße nicht Michael.　はい、僕の名前はミヒャエルでは**ありません**。【否定文】

✏️ **チャレンジ**　次の問答文をドイツ語に訳してみよう。1-23

(7) 彼女の名前はリカではないのですか。— いいえ、彼女はリカという名ですよ。【肯定文】

(8) 彼女はドイツ出身ではないのですか。— はい、彼女はドイツ出身ではないのです。【否定文】

(9) 彼女は今ドイツ語を学んでいないのですか。— いいえ、彼女は今ドイツ語を学んでいますよ。

Lektion 3 名詞と冠詞

予習ポイント

① 辞書で単語の意味を調べてドイツ語の文章を和訳する ➡ 名詞と冠詞のマーキング (S.12 チャレンジ)
② 定冠詞の変化表を埋める (S.13 Übung 1)
③ 不定冠詞の変化表を埋める (S.13 Übung 2)
④ ドイツ語文章内の名詞の性・数・格を調べる (S.12, 14 チャレンジ)
⑤ 練習問題に解答することで学習を補強する (S.14 チャレンジ)

A ドイツ語の名詞 (Nomen)

1) 【どのようなもの？】大文字で始まる単語で人・事物・生物を指し示す。 z. B. Apfel
2) 【覚えるべき3ポイント】性別（男性・女性・中性）、数（単数 (Sg.) か複数 (Pl.) か）、格（場合分け）
   ★辞書の表記：男性：*m.* (= Maskulinum)　女性：*f.* (= Femininum)　中性：*n.* (= Neutrum)
3) 【格ごとの意味】1格〔主格〕「～が／は」、2格〔属格〕「～の」、3格〔与格〕「～に」、4格〔対格〕「～を」
   ★「が・の・に・を」と発音して覚えよう！
   ★1格は「主語」、2格は「所有」、3格は「間接目的語」、4格は「直接目的語」の役割を果たす。

1-24　z. B. Die Frau schenkt dem Mann ein Buch des Autors.

Die Frau	schenkt	dem Mann	ein Buch	des Autors.
1格	定動詞	3格	4格	2格
その女性が（は）	贈る	その男性に	1冊の方を	その著者の

➡ その女性はその男性にその著者の本を1冊贈る。

1 チャレンジ　以下のドイツ語の文章を、辞書を調べながら和訳し、冠詞に波線を、名詞に直線を引こう。 1-25

(1) Eine Studentin geht in einen Supermarkt.

(2) Der Apfel des Supermarktes ist groß und billig.

(3) Deshalb kauft die Studentin gern den Apfel.

(4) Aber der Supermarkt ist sehr weit von dem Haus der Studentin entfernt.

(5) Deshalb geht die Studentin mit einer Freundin in den Supermarkt.

(6) Die Wohnung der Freundin liegt in der Nähe des Hauses von der Studentin.

Lektion **3** 名詞と冠詞

B 定冠詞 (der bestimmte Artikel)

1)【どのようなもの？】英語の *the*「その〜」に値するものであり、世界で一つしかないものを指示する際に名詞の前に付ける。性・数・格を区別するためにも役立つ。
2)【つづり】der 【意味】その

② Übung 1　次の 2 つの定冠詞の変化表を埋めよう。(巻末付録→ S.106)

1) 定冠詞だけ

	m.（男性）	f.（女性）	n.（中性）
1 格（主格）			
2 格（属格）			
3 格（与格）			
4 格（対格）			

2) 定冠詞＋名詞　注　男性・中性 2 格語尾に所有の -s（名詞の語尾が -s,-ß,-x,-z の時は -es）を付ける。女性 2 格に所有の -s はない。

	m.（Apfel）	f.（Freundin）	n.（Haus）
1 格（主格）			
2 格（属格）			
3 格（与格）			
4 格（対格）			

C 不定冠詞 (der unbestimmte Artikel)

1)【どのようなもの？】ドイツ語の不定冠詞は「不定」、つまり特定しない冠詞なので、英語の *a* にあたり、最初に出た名詞やまだ特定されていない名詞の前に付ける。
2)【つづり】ein 【意味】1 つの、ある

③ Übung 2　次の 2 つの不定冠詞の変化表を埋めよう。(巻末付録→ S.107)

1) 不定冠詞だけ

	m.（男性）	f.（女性）	n.（中性）
1 格（主格）			
2 格（属格）			
3 格（与格）			
4 格（対格）			

2) 不定冠詞＋名詞

	m.（Apfel）	f.（Freundin）	n.（Haus）
1 格（主格）			
2 格（属格）			
3 格（与格）			
4 格（対格）			

ヒント　不定冠詞では、男性 1 格と中性 1 格・4 格が同じ ein、女性の 1 格・4 格は定冠詞と同じ -e を付けているのがポイント。

4 チャレンジ

1 チャレンジ のドイツ語の文章にある名詞の性・数・格を調べ、マークしよう。

【マーク例：男性（m.），1格（1），単数（Sg.）の場合→ m.1Sg.】

5 チャレンジ 以下の練習問題に答えよう。

1) 単語の性・数・格に気を付けながら、その単語の1格の定冠詞と不定冠詞を記入しその意味を調べなさい。

単語	定冠詞＋名詞	不定冠詞＋名詞	意味
z.B. Kind (n.)	das Kind	ein Kind	子供
(1) Student (m.)			
(2) Buch (n.)			
(3) Handy (n.)			
(4) Universität (f.)			
(5) Mann (m.)			
(6) Frau (f.)			

2) （　　）内に2格の定冠詞ないしは不定冠詞を入れて、ドイツ語を訳しなさい。

ドイツ語		和訳
z.B. der Sohn (einer) Mutter 【f.・不定冠詞・2格】		ある母の息子
(1) ein Auto (　　) Mannes 【m.・定冠詞・2格】		
(2) ein Drucker (　　) Frau 【f.・定冠詞・2格】		
(3) der Titel (　　) Buchs 【n.・不定冠詞・2格】		

3) 【　】内の指示に従って、（　　）内に3格と4格の定冠詞ないしは不定冠詞を入れて、ドイツ語を訳しなさい。1-26

z.B. Ich gebe (einer) Freundin (das) Buch. 【Freundin f.：不定冠詞3格　Buch n.：定冠詞4格】

和訳　私はある女性の友人にその本を与える。

(1) Ich gebe (　　) Kind (　　) Spielzeug. 【Kind n.：定冠詞3格　Spielzeug n.：不定冠詞4格】

和訳　_____

(2) Du schenkst (　　) Mann (　　) Geld. 【Mann m.：不定冠詞3格　Geld n.：定冠詞4格】

和訳　_____

(3) Der Lehrer erlaubt (　　) Schüler (　　) Frage. 【Schüler m.：定冠詞3格　Frage f.：不定冠詞4格】

和訳　_____

4) 和文にある冠詞の違いに注意し、🖉①チャレンジ を参考にしながら、和文を独訳しなさい。1-27

(1) そのスーパーマーケットの（その）リンゴは大きくて安いです。

....

(2) そのため私は、そのリンゴを喜んで買います。

....

(3) 彼はある女性の友達とそのスーパーマーケットに行きます。

....

📄 コラム 1 » **形から性別が分かるいくつかの名詞**

男　Lehr**er**「教師」、Arbeit**er**「労働者」、Künstl**er**「芸術家」
★ -er → 動詞の語幹に付いて、その行為を職業とする人を表わす。

女　Japaner**in**「日本人女性」、Bild**ung**「教養」、Schön**heit**「美しさ」/ Einsam**keit**「さびしさ」
1) -in → 職業や身分、国籍を表わす名詞について女性名詞化する。
2) -ung → 動詞の語幹に付いて名詞化する。
3) -heit / -keit → 形容詞に付いて名詞化する。

中　Mäd**chen**「少女」、Vöge**lein**「小鳥」
★ -chen, -lein →「小さい〜」を意味する語尾。

📄 コラム 2 » **複合名詞の性**

ドイツ語には、人工的に複数の名詞の接合が行われ、とてつもない長さになる名詞がある。このように2つ以上の名詞があわさった名詞を複合名詞と呼ぶ。複合名詞の性は最後の名詞の性に一致する。

Z. B.
1) Atom (*n.*) + Kraft (*f.*) = Atom**kraft** (*f.*)
2) Atom (*n.*) + Kraft (*f.*) +Werk (*n.*) =Atomkraft**werk** (*n.*)

Lektion 4 名詞の複数形

Apfel

Äpfel

予習ポイント

① 辞書にある名詞の見出し語から複数形を調べる（S.16 Übung 1）
② 5種類の複数形を学ぶ（S.16）→ それぞれの複数形を表に書き出す（S.17 チャレンジ）
③ 「複数形の定冠詞」の格変化表を埋める（S.17 Übung 2）
④ 「定冠詞＋複数名詞」の格変化表を完成させる（S.18 Übung 3）
⑤ 練習問題に解答する（S.18 チャレンジ）

A 名詞の複数形 （Plural）

① Übung 1
独和辞典の名詞の見出し語 Buch を見て、以下の項目ごとの空欄に書き出し、Buch の複数形を調べよう。（→巻末付録 S.107）

Buch （　　　　　／　　　　　）【　　　　　／　　　　　〔　　　　　〕】
見出し語　　発音　　　性別　　　　単数2格語尾　　複数形　　複数形の発音記号

【どのようなもの？】
ドイツ語の複数形は5種類あり、かつ一部の名詞以外は、どの複数形か見分ける法則がないため、最初は辞書で逐一調べよう。それでもその一部のおおかた見分けがつく名詞のパターンを以下に見ていく。

② チャレンジ
5種類の複数形を学んで、それぞれの複数形の1格（複数定冠詞1格はdie）を下の表に書こう。

語尾の種類	単数形の意味	Sg.（単数）	Pl.（複数）
無語尾型（同尾型）	日本人	der Japaner	die
	リンゴ	der Apfel	
	少女	das Mädchen	
	※ -er, -en, -el（男性・中性）, -chen, lein で終わる名詞。ちなみに -er で終わる女性名詞で無語尾式は Mutter, Tochter のみ。（× Schwester） ※ -er で終わる名詞で職業・国籍を表わすものは単複同形。		
e 型	都市、都会	die Stadt	
	犬	der Hund	
	知っていること、知識	die Kenntnis	
	※ 女性名詞で -e 式ならば、必ず幹母音がウムラウトする。 ※ nis で終わる名詞の複数語尾は、子音を重ねて、nisse となる。		
er 型	子供	das Kind	
	家、住宅	das Haus	
	男性	der Mann	
	※ 1音節（母音が1つ）の中性名詞に多い。 ※ er 型では幹母音が「a, o, u, au」なら、必ずウムラウトする。		

en 型 （ウムラウト化なし）	女性	die Frau	
	日本人女性	die Japanerin	
	美	die Schönheit	
	自尊心	die Eitelkeit	
	練習	die Übung	
	友情	die Freundschaft	
	博物館、美術館	das Museum	
	※大部分の女性名詞で、特に -in, -ung, -heit, -keit, -schaft で終わる女性名詞は必ず (e)n 型。ちなみに -in で終わる名詞は子音を重ね -innen とする。		
s 型 （ウムラウト化なし）	自動車	das Auto	
	趣味	das Hobby	
	大学（の略語）	die Uni	
	※このタイプは英語やフランス語から来た外来語がほとんど。 ※ Uni (Universität/-täten) のような略語にも -s を付けて複数形にする。		

✓ チェック

☆ -(e)n 型や -s 型の複数形以外の3種類の複数形（無語尾型、-e 型、-er 型）は、場合によってはウムラウト化したりしなかったりするので、ポイントは、職業・国籍を表わす無語尾式以外の複数形で、最初の母音が a, o, u, au になっている母音は、ウムラウトするかもしれないという推測のもとに辞書で必ず調べることである。

B 複数名詞の格変化 (Deklination des Plurals)

【どのようなもの？】
単数の定冠詞1格は、男性は der、女性は die、中性は das と異なっていたが、上記の複数形でも分かる通り、複数形では男性・女性・中性の区別がなくなり、die という1つの定冠詞になる。ちなみに複数形には不定冠詞がない。

③ Übung 2　次の複数形 Männer の格変化表を埋めよう。（→巻末付録 S.107）

【複数形 Männer の格変化表】

Pl.	複数形の定冠詞	Männer
主格（1格）		
属格（2格）		
与格（3格）		
対格（4格）		

✓ チェック

1) 複数の定冠詞は女性の定冠詞の格変化にそっくりだが、<u>女性3格が der なのに対し複数3格が den に</u>なっていることだけが、異なっている。
2) <u>3種類の複数名詞（無語尾型，e 型，er 型）には3格の語尾 -n を付ける</u>。しかし、(e)n 型と s 型は、3格の語尾に -n を付けない。

④ Übung 3 次の「定冠詞＋複数名詞」の格変化表を完成させよう。(→巻末付録 S.108)

Sg.（単数形）	m. (der Bruder)	f. (die Schwester)	n. (das Buch)
意味			
Pl.（複数形）	m. (die Brüder)	f. (die Schwestern)	n. (die Bücher)
1格（主格）			
2格（属格）			
3格（与格）			
4格（対格）			

⑤ チャレンジ 次の和文を独訳しましょう。1-28

(1) 今 (jetzt) その男たちはドイツに住んでいる (wohnen)。【「今」を文頭に】

(2) その日本人女性たちは、3つの (drei) リンゴを買う (kaufen)。

(3) その家々は傾いて (schief) 建っている (stehen)。

(4) 私たちは2台の (zwei) 自動車を買う。

(5) 今日その子供たちは2つの博物館を訪れる。(〔4格〕を訪れる＝besuchen)

【「今日」を文頭に】

MEMO

Lektion 5 定冠詞類・不定冠詞類

予習ポイント

① 定冠詞類と定冠詞を比較しながら格変化表を埋める (S.20 Übung 1)
② 「定冠詞類 (dieser) ＋名詞」の格変化表を埋める (S.21 チャレンジ)
③ a 所有冠詞の空欄を埋める (S.21 Übung 2) → ③ b 不定冠詞類と不定冠詞を比較しながら格変化表を埋める (S.21 Übung 3) → ③ c 「不定冠詞類 (mein) ＋名詞」の格変化表を完成させる (S.22 チャレンジ)
④ 否定冠詞と不定冠詞を比較しながら格変化表を埋める (S.22 Übung 4)
⑤ nicht と kein が入った全文否定と部分否定を比較して nicht の位置を学ぶ (S.23 Übung 5)
⑥ 和文独訳をする (S.23 チャレンジ)

A 定冠詞類 (Demonstrativartikel)

【どのようなもの？】

1) 定冠詞 der のグループ
2) 定冠詞 der の語尾変化と基本同じ変化
3) 別名：dieser 型冠詞類 1-29

dieser この　jener あの　solcher そのような　jeder* 各々の、あらゆる
all すべての　mancher かなりの　welcher どの

＊ jeder は基本、単数形のみ！

① Übung 1　定冠詞類と定冠詞を比較しながら次の格変化表を埋めよう。(→巻末付録 S.108)

	m.		f.		n.		Pl.	
	定冠詞類	定冠詞	定冠詞類	定冠詞	定冠詞類	定冠詞	定冠詞類	定冠詞
1格（主格）								
2格（属格）								
3格（与格）								
4格（対格）								

チェック

1) 定冠詞類の語尾のアルファベットの変化は、定冠詞の語尾のアルファベットの変化と全く同じである。
2) 中性1・4格が定冠詞の様に -as でなく -es で終わっていること（dieses）、女性1・4格が定冠詞のように -ie でなく -e で終わっていること（diese）以外は全て定冠詞の変化と同じである。

Lektion **5** 定冠詞類・不定冠詞類

✏️ ② チャレンジ Mann, Frau, Kind（複数は Kinder）を例に「定冠詞類(dieser)＋名詞」の格変化にチャレンジしてみよう。

	m. (dieser Mann)	f. (diese Frau)	n. (dieses Kind)	Pl. (diese Kinder)
意味				
1格（主格）				
2格（属格）				
3格（与格）				
4格（対格）				

B 不定冠詞類（所有冠詞と否定冠詞 kein） (Possessivartikel und Negationsartikel)

【どのようなもの？】
1) 不定冠詞 ein のグループ
2) 不定冠詞 ein の語尾変化と全く同じ変化
3) 別名：所有冠詞と否定冠詞 kein／mein 型冠詞類
4) 不定冠詞 ein が付かなかった複数形にも不定冠詞類は付く（複数定冠詞と同じ変化）

B-1 所有冠詞

【どのようなもの？】
例えば、英語には I「私は」に対して、my「私の」という所有の形があるように、ドイツ語でも ich「私は」に対して mein「私の」という所有の形があり、これを所有冠詞と呼ぶ。

✏️ ③a Übung 2 次の所有冠詞の空欄を埋めよう。（→巻末付録 S.108) 1-30

1人称	ich →	私の	wir →	私たちの
2人称	du → Sie →	君の あなたの	ihr → Sie →	君たちの あなた方の
3人称	er → sie → es →	彼の 彼女の それの	sie →	彼らの 彼女らの それらの

✏️ ③b Übung 3 不定冠詞類 mein の格変化表を不定冠詞 ein（複数は定冠詞）との比較をしながら埋めてみよう。（→巻末付録 S.108）

	m.		f.		n.		Pl.	
	不定冠詞類	不定冠詞	不定冠詞類	不定冠詞	不定冠詞類	不定冠詞	不定冠詞類	定冠詞
1格（主格）								
2格（属格）								
3格（与格）								
4格（対格）								

3c チャレンジ

Mann, Frau, Kind（複数は Kinder）を例に「不定冠詞類（mein）＋名詞」の格変化表を完成させよう。

	m. (mein Mann)	f. (meine Frau)	n. (mein Kind)	Pl. (meine Kinder)
意味				
1格（主格）				
2格（属格）				
3格（与格）				
4格（対格）				

B-2 否定冠詞 kein

(4) 否定冠詞 kein を学ぼう。

【どのようなもの？】 1-31

1) 不定冠詞 ein が付いた名詞か、無冠詞（物質名詞や不定の複数形）の名詞を(強く)全文否定する時にこの kein を使う。

　Z. B. (a) Ich habe ein Auto. 　私は1台の車を持っている。
　　→（○）Ich habe **kein** Auto. 　私は車を持っていない。
　(b) Ich habe Geld. 　私はお金を持っている。
　　→（○）Ich habe **kein** Geld. 　私はお金を持っていない。

2) 定冠詞付きの名詞には使えない。

　Z. B. Ich habe das Auto. 　私はその車を持っている。→（×）Ich habe kein das Auto.

3) 不定冠詞 ein の頭に k- を付けるだけで変化は不定冠詞 ein と全く同じ。

(4) Übung 4

否定冠詞と不定冠詞を比較しながら次の格変化表を埋めてみよう。

（→巻末付録 S.109）

	m.		f.		n.		Pl.	
	否定冠詞	不定冠詞	否定冠詞	不定冠詞	否定冠詞	不定冠詞	否定冠詞	不定冠詞類
1格（主格）								
2格（属格）								
3格（与格）								
4格（対格）								

C 否定文の作り方 (Verneinungssatz)

【どのようなもの？】

1) 「定冠詞＋名詞」を否定する時、否定詞 nicht を使うが、全文否定の場合は文末、部分否定の場合はその語句の前に置く。

2) 否定冠詞 kein を使って全文否定できる場合、否定詞 nicht を文末に置くことはできない。

Lektion **5** 定冠詞類・不定冠詞類

5 Übung 5
以下の表の中の文のうち、正しければカッコ内に○、間違っていれば×を記入しよう。（→巻末付録 S.109）

		全文否定	部分（限定）否定
定冠詞付き名詞	nicht	(　) Ich liebe die Frau nicht.	(　) Ich liebe nicht die Frau.
	kein	(　) Ich liebe die Frau kein.	(　) Ich liebe kein die Frau.
不定冠詞付き名詞	nicht	(　) Ich liebe eine Frau nicht.	(　) Ich liebe nicht eine Frau.
	kein	(　) Ich liebe keine Frau.	———
無冠詞〔熟語〕	nicht	(　) Ich spreche Deutsch nicht.	(　) Ich spreche nicht Deutsch.
	kein	(　) Ich spreche kein Deutsch.	———

✓ チェック
Tennis spielen や Auto fahren などの熟語の場合も、全文否定の際は nicht を文末に置かず、必ず名詞の前に置く。理由は否定冠詞 kein を使って全文否定できるからである。
Z. B. Ich fahre Auto.　私は車を運転する。→ (○) Ich fahre **nicht** Auto.　私は車を運転しない。
　　　　　　　　　　　　　　　　　　　　(○) Ich fahre **kein** Auto.　私は車を一切運転しない。
　　　　　　　　　　　　　　　　　　　　(×) Ich fahre Auto **nicht**.

6 チャレンジ
次の和文を【 】の指示に従って独訳しましょう。1-32

1) この料理 (Gericht *n.*) はおいしい（良い味がする＝ gut schmecken）。【「この」を定冠詞類で】

2) 彼の家族 (Familie *f.*) はあの住居 (Wohnung *f.*) に住んでいる。
【「彼の」を不定冠詞類・「あの」を定冠詞類で】

3) あらゆる子供が彼女の童話 (Märchen *n.*) を愛している。 （〔4格〕を愛している＝ lieben）
【「あらゆる」を定冠詞類・「彼女の」を不定冠詞類で】

4) 今日あなたの友人 (Freund *m.*) はドイツ語を学んでいない。
【「今日」を文頭に、「あなたの」(敬称2人称)を不定冠詞類・「～ない」を否定冠詞で】

5) 君たちのチーム (Mannschaft *f.*) は明日サッカーをし (Fußball spielen) ない。
【「君たちの」(親称2人称)を不定冠詞類・「～ない」を nicht で】

📄 コラム 3
形容詞を否定する場合は必ず nicht を形容詞の前に置く。
Z. B. Das Auto ist klein その車は小さい。→ (○) Das Auto ist **nicht** klein.　その車は小さくない。

Lektion 6 不規則変化動詞の現在人称変化

Ich fahre → er fährt

予習ポイント

① sein, wissen, haben, werden の現在人称変化表を完成させる（S.24 Übung 1）
② a → ä と変化する現在人称変化表を完成させる（S.25 Übung 2）
③ e → i / e → ie と変化する現在人称変化表を完成させる（S.25 Übung 3）
④ 各練習問題を解く（S.26 チャレンジ）

A 不規則変化動詞の現在人称変化 (Konjugation des unregelmäßigen Verbs im Präsens)

【どのようなもの？】

1) 変わらないはずの語幹の母音（幹母音）が変化する。

   Z.B. fahr|en → du fähr|st

2) といっても sein と wissen 以外の不規則変化動詞では、<u>単数の２人称（du）と３人称（er/sie/es）の動詞の幹母音（時には語尾も）だけが不規則変化する</u>。

① Übung 1　sein, wissen, haben, werden の現在人称変化表を完成させよう。

（→巻末付録 S.109）

	sein	wissen	haben	werden
意味				
ich				
du				
er / sie / es				
wir				
ihr				
sie / Sie				

B 規則性のある不規則変化

B-1 a → ä と変化する不規則変化動詞

【どのようなもの？】

1) ２人称単数と３人称単数の幹母音が a → ä と変化する。
2) halten では２人称単数に口調上の e を入れず、また、３人称単数の語幹の最後の t がそのまま語尾になっているので要注意。 Z.B. （×）du hältest,（×）er hältet

Lektion **6** 不規則変化動詞の現在人称変化

② Übung 2　a → ä と変化する現在人称変化表を完成させよう。（→巻末付録 S.110）

	a → ä			
	fahren	laufen	lassen	halten
意味				
ich				
du				
er / sie / es				
wir				
ihr				
sie / Sie				

B-2 e → i / e → ie と変化する不規則変化動詞

【どのようなもの？】
1) 2人称単数と3人称単数の幹母音が e → i あるいは e → ie と変化する。
2) e → i と変化するものは、原則として幹母音 e の発音が短い場合。
  z. B. essen → du isst
3) e → ie と変化するものは、幹母音 e の発音が長い場合。
  z. B. sehen → du siehst
4) geben は例外〈昔は e → ie 変化だった〉で、e を長く伸ばして発音するが、e → i の変化で表記する。
5) nehmen の幹母音 e は、直後の h によって長く伸ばして発音されるが、2人称・3人称単数の幹母音 i は短くなるため、i の後に来るはずであった h が省略され、直後の子音 m が二重子音 mm になる。
  z. B. (×) du nihmst, (×) er nihmt, (×) du nehmst, (×) er nehmt

③ Übung 3　e → i / e → ie と変化する現在人称変化表を完成させよう。（→巻末付録 S.110）

	e → i				e → ie	
	geben	essen	sprechen	nehmen	lesen	sehen
意味						
ich						
du						
er / sie / es						
wir						
ihr						
sie / Sie						

4 チャレンジ 次の独文にある（ ）に【 】内の動詞を現在人称変化させて記入し、和訳しましょう。1-33

1) Ich (　　　) Michael aus Deutschland. 【sein】

2) Du (　　　) 【nehmen】 die Tasche.

3) Er (　　　) gerne Wiener Schnitzel. 【essen】

4) Sophie (　　　) einen Hund. 【haben】

5) Sie (　　　) dieses Jahr 18 Jahre alt. 【werden】【sie は 3 人称単数】

6) Er (　　　) seiner Tochter ein Buch. 【geben】

7) Du (　　　) morgen einen Freund. 【sehen】

4 チャレンジ 次の和文を【 】の指示に従って独訳しましょう。1-34

8) 彼女は学生である。【動詞 sein を使って】

9) 今日君は車を運転する（Auto fahren）。【「今日」を文頭に】

10) この電車（Zug m.）はここで停車する。【「この」を定冠詞類で、動詞 halten を使って】

11) その給仕（Kellner m.）がそのチップ（Trinkgeld n.）を受け取る。【動詞 nehmen を使って】

12) 君は彼の長編小説（Roman m.）を好んで（gern）読む。【「彼の」を不定冠詞類で】

MEMO

Lektion 7 命令法

予習ポイント

① **命令法の作り方を学ぶ** (S.28)
② gehen「行く」の命令法を作る (S.29 Übung 1)
③ e → i, e → ie と不規則変化する動詞の命令法を作る (S.29 Übung 2)
④ sein, wissen, werden, haben, a → ä 型不規則変化動詞の命令法を作る (S.29 Übung 3)
⑤ 独文和訳、和文独訳をする (S.30 チャレンジ)

A 命令法 (Imperativ)

【どのようなもの？】
1) ドイツ語の語法（表現の仕方）には大きく３つの法があり、直説法、命令法、接続法という。
2) そのうち、「君」や「君たち」に命令する語法は、命令法である。上から下へ命令する相手は親称の２人称の du や ihr だけである。
3) ただし、Sie（「あなた」：敬称の２人称単数・複数）には「接続法第Ⅰ式」〔目上の存在に対する祈願・要求〕を使っている。

A-1 命令法の規則的な作り方

【どのようなもの？】ドイツ語の命令法は平叙文から簡単に作れる。

① 命令法の作り方を学ぼう。1-35

【du に対して】
Z. B. Du lernst jetzt Deutsch. ➡ ~~Du~~ lern~~st~~ jetzt Deutsch. ➡ **Lern** jetzt Deutsch!　今ドイツ語を学べ。
✓チェック　平叙文の主語 Du を削除し、(sein, wissen, werden, haben, a ➡ ä 型不規則変化動詞以外の) 定動詞から語尾 -st（動詞の語幹が -s, -z, -ß で終わる動詞の場合は語尾 -t だけ）を削除する。感嘆符を忘れない。

【ihr に対して】
Z. B. Ihr lernt jetzt Deutsch. ➡ ~~Ihr~~ lernt jetzt Deutsch. ➡ **Lernt** jetzt Deutsch!　今ドイツ語を学べ。
✓チェック　平叙文の主語 Ihr を削除するだけ。感嘆符を忘れない。

【Sie に対して】
Z. B. **Sie lernen** jetzt Deutsch. ➡ **Lernen Sie** jetzt Deutsch!　今ドイツ語を学びなさい。
✓チェック　主語 Sie と（sein 動詞以外の）定動詞を<u>逆転</u>するだけ。感嘆符を忘れない。

> ✓チェック
> arbeiten「働く」のように語幹が -t や -d で終わる動詞についても、同じ方法で命令法を作れるので、口調上の -e を省略しない。
> **Z. B.** Du arbeitest heute. ➡ ~~Du~~ arbeite~~st~~ heute. ➡ **Arbeite** heute!　今日働け。

Lektion **7** 命令法

✏️ ② Übung 1　gehen「行く」の命令法を作ってみよう。（→巻末付録 S.110）

不定詞	du に対して	ihr に対して	Sie に対して
語幹＋ en	語幹＋ [e]！	語幹＋ t！	語幹＋ en Sie！
gehen			

B 現在人称変化で e → i / e → ie と不規則変化するパターンの命令法

【どのようなもの？】
1) sprechen の du に対する命令法でも、平叙文 du sprich<u>st</u> から主語 du と語尾 -st だけを削除する。
2) lesen の場合、平叙文 <u>du</u> lies<u>t</u> の定動詞の語幹が lies、語尾が -t になるので、主語 du と語尾 -t だけを削除する。

✏️ ③ Übung 2　e → i / e → ie と不規則変化する動詞（S.25）の命令法を作ってみよう。（→巻末付録 S.111）

不定詞	du に対して	ihr に対して	Sie に対して
sprechen			
lesen			

C sein, wissen, haben, werden, haben, a → ä 型不規則変化動詞の命令法

【どのようなもの？】 1-36
1) sein, wissen, werden, haben, a → ä 型不規則変化動詞では、2人称単数(du)への命令法を作る場合、不規則変化した定動詞を、一度「仮想の規則変化した定動詞」に書き換え、そこから主語 du と定動詞語尾 -st を削除すればよい。
   Z. B. **wissen** → Du wei<u>ßt</u> die Wahrheit. → Du wiss<u>est</u> die Wahrheit. → ~~Du~~ wiss~~est~~ die Wahrheit.
   　　　　→ **Wisse** die Wahrheit!　真実を知れ。
2) sein は 2 人称単数(du)のみならず、敬称 2 人称(Sie)への命令法も不規則変化するため、敬称 2 人称への命令法を作る場合も、定動詞の不規則変化形を、一度「仮想の規則変化した定動詞」に書き換え、主語 Sie と定動詞 seien を逆転すればよい。
   Z. B. **sein** → Sie <u>sind</u> ruhig. → Sie <u>seien</u> ruhig. → **Seien Sie** ruhig!　静かにしなさい。

✏️ ④ Übung 3　sein, wissen, werden, haben, a → ä 型不規則変化動詞（S.24, 25）の命令法を作ってみよう。（→巻末付録 S.111）

不定詞	du に対して	ihr に対して	Sie に対して
sein			
wissen			
haben			
werden			
fahren			

> ✅ チェック
>
> sein 動詞では、du に対する命令法は語幹の sei のみで -e は付けない。また、ihr に対する命令法は seid となるため、先述の規則的な命令法の作り方（S.28）に準じている。　**Z. B.** (×) **Seit** ruhig!

neunundzwanzig

5 チャレンジ 次の独文にある（ ）に【 】内の動詞を命令法にして記入し、和訳しましょう。
1-37

1) (　　　　　　　　) keine Angst!【haben / du に対して】

2) (　　　　　　　　) diesen Kaffee!【nehmen / ihr に対して】

3) (　　　　　　　) (　　　　　　　　) bitte langsam!【sprechen / Sie に対して】

4) (　　　　　　　　) unsere Kinder draußen spielen!【lassen / du に対して】

5) (　　　　　　　　) froh!【sein / du に対して】

6) (　　　　　　　　) den Studentinnen einen Tipp!【geben / ihr に対して】

7) (　　　　　　　) (　　　　　　　　) pünktlich!【sein / Sie に対して】

5 チャレンジ 次の和文を【 】の指示に従って独訳しましょう。1-38

8) 今家へ帰 (nach Hause gehen) れ！【du に対して】

9) ちょっと (mal) その新聞 (Zeitung f.) 読んで！【du に対して】

10) 勇敢 (mutig) であれ！【ihr に対して】

11) ここではそんなに大声で (laut) 話さないで！【ihr に対して】

12) 熱心に (fleißig) なってください。【Sie に対して】

MEMO

Lektion 8 前置詞

予習ポイント

① 前置詞句が1ブロックであることと、前置詞の格支配を学ぶ (S.32)
② 前置詞を用いた穴埋めと和訳と独作文問題に自力で解答する (S.33-35 チャレンジ)
③ 前置詞と定冠詞の融合形を学び、融合形を作ってみる (S.36 チャレンジ)
④ da(r)＋前置詞／前置詞＋人称代名詞の融合形を学び、和文独訳をする (S.36 チャレンジ)
⑤ 疑問代名詞と前置詞の融合形を学び、和文独訳をする (S.37 チャレンジ)

A 前置詞 (Präposition)

① 前置詞句が1ブロックであることと、前置詞の格支配を学ぼう。 1-39

【どのようなもの？】

1) ドイツ語の前置詞は、前置詞＋（冠詞類）＋名詞＝前置詞句で1要素となって初めてその役割を果たす。

   z.B. In der Stadt wohnt er.　その町に彼は住んでいる。

In der Stadt	wohnt	er
1. 前置詞句	2. 定動詞	3. 主語

2) 名詞の性・数・格を識別しておく。

3) 前置詞に相性の良い格が存在する。そのような相性の良い格との組み合わせを前置詞の格支配という。

   z.B. In der Stadt wohnt er.　その町に彼は住んでいる。／ Ich gehe in die Stadt.　私はその町の中に行く。
   　　　3格支配　　　　　　　　　　　　　　　　　　　　　　　　　　　　　4格支配

4) 格支配の種類：

   (a) 2格支配の前置詞→ z.B. Wegen der Krankheit kommt er heute nicht.
   　　　　　　　　　　　　　　その病気のために彼は今日来ない。

   (b) 3格支配の前置詞→ z.B. Morgen fahre ich mit dem Zug zur Uni.
   　　　　　　　　　　　　　　明日私は、その電車で大学に行く。

   (c) 4格支配の前置詞→ z.B. Sie bezahlt 30 Euro für das Buch .
   　　　　　　　　　　　　　　彼女は、30ユーロをその本の代金として支払う。

   (d) 3格・4格支配の前置詞（3格は「場所」、4格は「移動の方向」を表わす）

   　　3格支配→ z.B. An einem See liegt meine Stadt.　ある湖のほとりに私の町がある。

   　　4格支配→ z.B. Ich schreibe einen Brief an meinen Freund .
   　　　　　　　　　　　　　　　　　　　　　　　　私は1通の手紙を私の友人あてに書く。

ヒント

1) ドイツ語の文章の語順（定動詞 (S.8) や名詞の2格の用法 (S.12, 14) 以外）は日本語の文章の語順にかなり似ている。
2) 第3課で学んだ「が（1格）・の（2格）・に（3格）・を（4格）」の法則（→ S.12）が、前置詞の格支配では通用しないので要注意。
3) 前置詞句は副詞的な役割（副詞句）を果たすので、文章の主語になることは絶対にない。

B 前置詞のある文章の穴埋めと和訳と独作文

B-1 2格支配の前置詞 (die genitivische Rektion) 1-40

| statt 〜の代わりに | trotz 〜にもかかわらず | während 〜の間 | wegen 〜のおかげで |
| außerhalb 〜の外に | innerhalb 〜の内に | など | |

2 チャレンジ 以下の（ ）内に【 】の名詞を正しく格変化させて記入し、和訳しましょう。 1-41

1) Innerhalb (　　　　　　　) 【ein Monat】 reisen wir nach Deutschland.

2) Trotz (　　　　　　　) 【die Hitze】 trägt er eine Jacke.

3) Während (　　　　　　　) 【der Unterricht】 schlafen die Studenten.

2 チャレンジ 以下の和文を独訳しましょう。 1-42

4) そのお茶 (Tee m.) の代わりに彼はそのコーヒー (Kaffee m.) を飲む。

5) その雪 (Schnee m.) のためにそのインターネット (Internet n.) は機能し (funktionieren) ない。

6) その森 (Wald m.) の外に一匹のシカ (Hirsch m.) がいます。

B-2 3格支配の前置詞 (die dativische Rektion) 1-43

| aus 〜（の中）から | bei 〜のもとで | mit 〜と一緒に、〜を使って | nach 〜の後に、〜へ |
| seit 〜以来、〜前から | von 〜から、〜の | zu 〜へ | |

2 チャレンジ 以下の（ ）内に【 】の名詞を正しく変化させて記入し、和訳しましょう。 1-44

7) Der Vogel fliegt aus (　　　　　　　) 【der Käfig】.

8) Wir essen eine Currywurst bei (　　　　　　　) 【unser Freund】.

9) Ich fahre mit (　　　　　　　) 【der Zug】 zu (　　　　　　　) 【der Flughafen】.

✏️ ② チャレンジ　以下の和文を独訳しましょう。 1-45

10) その運動（Sport *m.*）の後で、彼女は疲れて（müde）いる。

....

11) 1週間（Woche *f.*）前から、彼らはミュンヘンに（in München）いる。

....

12) その花々（Blüte *f.* 複数で）がその木々（Baum *m.* 複数で）から落ちる（fallen）。【von を使って】

....

B-3　4格支配の前置詞（die akkusativische Rektion）　1-46

durch 〜を通って　　für 〜のために　　gegen 〜に対して　　ohne 〜なしに
um 〜のまわりに、〜時　　bis 〜まで

✏️ ② チャレンジ　以下の（　）内に【　】の名詞を正しく変化させて記入し、和訳しましょう。
1-47

13) Ich gehe durch (　　　　　　　　　)【Gasse *f.*】.

....

14) Ich nehme gegen (　　　　　　　　　)【Kopfschmerz *m.* 複数・無冠詞で】ein Medikament.

....

15) Wir kämpfen im Sommer gegen (　　　　　　　　　)【Mücke *f.* 複数・無冠詞で】.

....

✏️ ② チャレンジ　以下の和文を独訳しましょう。 1-48

16) そのパン屋（Bäcker *m.*）はその酵母（Hefe *f.*）なしに彼のパン（Brot *n.*）を焼く（backen）。

....

17) この地球（Erde *f.*）の周りである人工衛星（Satellit *m.*）が浮かんでいる（schweben）。

....

B-4 3格・4格支配の前置詞 (die dativische- oder akkusativische Rektion) 1-49

> an 〜のきわ　　auf 〜の上　　hinter 〜の後ろ　　in 〜の中　　neben 〜の隣
> über 〜の上方　　unter 〜下　　vor 〜の前　　zwischen 〜の間

② チャレンジ 以下の（　）内に【　】の名詞を正しく変化させて、和訳しましょう。 1-50

【an】「〜のきわ」

18) Ein Zettel hängt an （　　　　　　　　　）【Kühlschrank m.】.

19) Meine Frau hängt einen Zettel an （　　　　　　　　　）【Kühlschrank m.】.

【auf】「〜の上」

20) Auf （　　　　　　　　　）【Tisch m.】 steht eine Vase.

21) Mein Onkel stellt die Kekse auf （　　　　　　　　　）【Tisch m.】.

② チャレンジ 以下の和文を独訳しましょう。 1-51

【in】「〜の中」

22) その小屋（Hütte f.）の中に１つの灯り（Licht n.）がともっている（brennen）。

23) 私たちは１輪のバラ（Rose f.）をその花壇（Beet n.）（の中）に植える（pflanzen）。

【zwischen】「〜の間」

24) その書類（Dokument n.）とその請求書（Rechnung f.）の間に１通のラブレター（Liebesbrief m.）がある。

25) 彼らはその車を薬局（Apotheke f.）と郵便局（Post f.）の間に駐車させる（parken）。

C 前置詞と定冠詞の融合形

【どのようなもの？】 1-52

★ ドイツ語では、次のように「前置詞と定冠詞の融合形」がある。例えば、ins (in + das) Kino gehen「映画を観に行く」のような融合形は、聞き手にも分かり切っている名詞の内容よりも、動詞（行為）の方に焦点が当たっている場合に使われる。

1) **Z. B.** Ich gehe morgen ins Kino. 　私は明日映画を観に行く。（← Kino「映画館」がどこかはどうでもよく、「行く」ことに焦点が当たっているため、「映画を観に行く」という意味に発展している）

2) **Z. B.** Ich gehe morgen in das Kino. 　私は明日その映画館に行く。（← das Kino「その映画館」（名詞）の方に焦点が当たっている）

③ チャレンジ　融合形を作ってみよう。

1) an dem → ....   2) an das → ....   3) auf das → ....   4) bei dem → ....
5) in dem → ....   6) in das → ....   7) von dem → ....   8) um das → ....
9) zu dem → ....   10) zu der → ....

D da(r) ＋ 前置詞

【どのようなもの？】 1-53

1) 「前置詞＋事物を表わす名詞」の反復を避けるため、da(r)＋前置詞の融合形が可能である。
   Z. B. Ich wohne in der Wohnung. 　私はその住居に住んでいる。
   Darin wohnt auch meine Familie. 　そこには私の家族も住んでいる。

2) in や auf といった母音で始まる前置詞の場合、dar ＋前置詞にする（dain といったように母音が続くのを嫌うからだ）。

④ チャレンジ　以下の和文を独訳しましょう。 1-54

その机は父のものだ（〜のものである＝ j^3 gehören）。私はこの本をこの上に置く。【da(r)＋前置詞を使って】

E 疑問代名詞と前置詞の融合形

【どのようなもの？】
1) 事物について尋ねる場合、疑問代名詞 was を前置詞と組み合わせて疑問文を作る。
2) その際、形が was + 前置詞にならず、wo(r) + 前置詞という形になる。この場合も、in や auf といった母音で始まる前置詞の場合、wor + 前置詞にする。
   Z. B. was + mit = womit / was + in = worin
3) 人を尋ねる際は融合しない。**Z. B.** wer + mit = mit wem

5 チャレンジ　以下の和文を独訳しましょう。1-55

1) 彼女は何を使ってその町に（in die Stadt）行きますか。

2) どこにその違い（Unterschied m.）があります（bestehen）か。

MEMO

Lektion
9 人称代名詞

予習ポイント

① 人称代名詞を学び、その格変化表を埋める (S.38 Übung)
② 人称代名詞の用法を独作文で実践的に学ぶ (S.39 チャレンジ)
③ 人称代名詞の語順を学び、独作文で実践的に学ぶ (S.39 チャレンジ)
④ 人称代名詞の2格を学び、独作文で実践的に学ぶ (S.39 チャレンジ)

A 人称代名詞の格変化 (Deklination des Personalpronomens)

【どのようなもの？】
1) 英語の I「私が」、my「私の」、me「私に／私を」のようにドイツ語も人称代名詞が格変化する。
2) ドイツ語の人称代名詞2格には所有の意味がないので要注意！（人称代名詞2格の用法→S.39）（所有冠詞（S.21）にその役割をゆずった）

① Übung 以下の人称代名詞の格変化表を埋めてみよう。（→巻末付録 S.111）

		1人称	2人称	3人称			敬称2人称
				彼	彼女	それ	
単数	1格						
	2格						
	3格						
	4格						
複数	1格						
	2格						
	3格						
	4格						

✓ チェック

1) ich と du の 2・3・4格はほとんど同一の形をしている。つまり、ich の2格以下の変化で頭文字である m を d に代えれば、そのまま du の格変化になる。
2) 3人称単数では er と es の 2・3格が同じであり、3人称複数 sie「彼（女）ら」は、敬称2人称 Sie とすべて同一である。

B 人称代名詞の用法

【どのようなもの？】 1-56

★英語の人称代名詞と異なり、ドイツ語の人称代名詞は、性・数・格を明確に判別し、その反復を避けるために、人のみならず事物にも対応している。

Z.B. Ich wohne in der Wohnung.　　私はその住居に住んでいる。
　　 In ihr wohnt auch meine Familie.　そこには私の家族も住んでいる。

Lektion **9** 人称代名詞

✏️ ② チャレンジ　以下の和文を独訳しましょう。1-57

1) その子供はその少女（Mädchen *n.*）に1冊の本を与える。

....

2) そしてその子は彼女にボールペン（Kugelschreiber *m.*）も与える。【1)の「子供」と「少女」を人称代名詞で】

....

3) そのボールペンは高価（teuer）だ。【「ボールペン」を人称代名詞で】

....

C 人称代名詞の語順

【どのようなもの？】1-58

1) 文中の目的語3格・4格がともに普通名詞であるとき、3格→4格の語順になる。
　Z.B. Ich schreibe meinem Freund einen Brief. 私は、友人に、1通の手紙を書く。
　　　　　　　　　3格　　　　　4格

2) 3格か4格のどちらかが人称代名詞の場合、その人称代名詞は格を問わず定動詞の直後に位置する。
　Z.B. Ich schreibe ihm einen Brief.　私は、彼に、1通の手紙を書く。
　　　　　　　　3格　　4格
　Z.B. Ich schreibe ihn meinem Freund.　私は、それ（その手紙）を、友人に書く。
　　　　　　　　4格　　　　3格

3) どちらも人称代名詞の場合、4格→3格の語順となる。
　Z.B. Ich schreibe ihn ihm.　私は、それ（その手紙）を、彼に書く。
　　　　　　　　4格 3格

✏️ ③ チャレンジ　次の和文を上記の説明を基に独訳してみよう。1-59

私はその女性（Frau *f.*）にその本（Buch *n.*）を与える。

1)（3格・4格がともに普通名詞の場合）	Ich	gebe			.
2)（3格だけが人称代名詞の場合）	Ich	gebe			.
3)（4格だけが人称代名詞の場合）	Ich	gebe			.
4)（3格・4格がともに人称代名詞の場合）	Ich	gebe			.

D 人称代名詞の2格

【どのようなもの？】
★人称代名詞の2格は、「2格支配の前置詞」、「2格支配の動詞」、「2格支配の形容詞」との組み合わせで、様々な意味をなすが、ほとんど文語的な熟語として使われるのが一般的である。

✏️ ④ チャレンジ　以下の和文を独訳しましょう。1-60

1) 私たちは君たちを必要としている。（〔2格〕を必要としている＝ bedürfen j²/ et²）

....

2) 彼女の代わりに君が私の父のもとに行く。【2格支配の前置詞を使って】（→ S.33）

....

neununddreißig | **39**

Lektion 10 未来形

予習ポイント

① 未来形の形から枠構造を学ぶ (S.40)
② 未来形の文章を作る (S.40, 41 Übung チャレンジ)
③ 未来形を使って独作文をする (S.41 チャレンジ)

A 未来形 (Futur)

① 未来形の形から枠構造を学ぶ

【どのようなもの？】1-61

1) werden の現在形と動詞の原形不定詞を組み合わせると「未来形」ができる。
   Z.B. Wir <u>werden</u> morgen ins Kino <u>gehen</u>.　私たちは明日映画を観に行く予定だ。
   　　　　　└──── 枠構造 ────┘

2) ドイツ語ではしばしば現在形でも未来のことを表わす。
   Z.B. Morgen gehen wir ins Kino.　明日私たちは映画を観に行く。

3) 未来形では単数においては1人称単数 ich では「意志」、2人称単数 du では「軽い命令・要求」、3人称単数 er/sie/es では「推量」を表す場合に用いる。また複数形では「見通しの立った予定」を表現する。

B 未来の助動詞の作り方

 チェック

☆未来の助動詞を使って文を作る場合、
1) 平叙文では未来の助動詞(定動詞)を第2位に、本動詞(原形不定詞)を文末に置いて枠構造にする。
2) 決定疑問文では未来の助動詞(定動詞)を文頭に、本動詞(原形不定詞)を文末に置く。
3) 補足疑問文では平叙文と同じく未来の助動詞(定動詞)を第2位、本動詞(原形不定詞)を文末に置く。

② Übung　次の不定詞句の意味を「　」に書き入れ、不定詞句から ich を用いて文を作ってみましょう。(→巻末付録 S.111) 1-62

平叙文

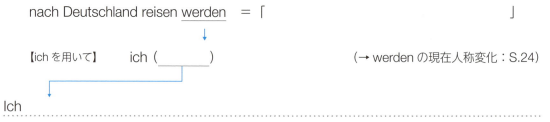

C 未来の助動詞の独作文

✏️ ② チャレンジ　以下の和文を独訳しましょう。1-63

1) 決定疑問文

彼らはドイツに行く予定ですか。

....

2) 補足疑問文

いつ彼はドイツに行く予定ですか。【wann を用いて】

....

✏️ ③ チャレンジ　以下の和文を独訳しましょう。1-64

1)【話し手の強い意志】「〜つもりだ」

私は君を決して忘れないつもりだ。（決して〜ない＝ nie　忘れる＝ vergessen）

....

2)【相手への要求】「(2人称で) 〜せよ」

すぐに（sofort）寝な（ins Bett gehen）さい！【→命令形ではないので要注意！】

....

3)【現在時の推量】「〜だろう」

彼はおそらく（wohl）病気だ（krank sein）ろう。

....

4)【予告】「〜する予定である」

私たちは明日（morgen）旅立つ（abreisen）予定である。

....

Lektion 11 分離・非分離動詞

予習ポイント

① 分離動詞の文章を作る (S.42 Übung)
② 分離動詞を使って独作文をする。(S.42 チャレンジ)
③ a 非分離動詞を和訳する → ③ b 非分離動詞を使って独作文をする (S.43 チャレンジ)
④ 分離・非分離動詞の仕組みからそれぞれの意味の違いを学び和訳する (S.44 チャレンジ)
⑤ 練習問題を解く (S.44 チャレンジ)

A 分離動詞 (Trennbare Verben)

【どのようなもの？】
1) 英語：「立ち上がる / 起床する」は *stand up* という熟語
 →ドイツ語：aufstehen という 1 語の分離動詞で表現できる。
2) aufstehen は、auf + stehen という成り立ちであり、auf = *up*, stehen = *stand* と対比できる。
3) 分離動詞 aufstehen の前半部分 auf を分離前つづり、後半部分 stehen を基礎動詞部分という。発音上のアクセントは、分離前つづりにある。

① Übung 以下の不定詞句を、er を主語にした文にしてみよう。(→巻末付録 S.112) 1-65

morgen um sieben Uhr aufstehen 「　　　　　　　　　　　　　」
　　　　　　　　　　　　↓
【er を用いて】　　　er (　　　)

Er _____

> ✓ チェック
>
> 分離動詞で平叙文を作る場合、上のように分離動詞の基礎動詞部分 stehen を第 2 位に、分離前つづり auf を文末に置いて、**枠構造**を形作る。また、人称変化は、もっぱら後半の基礎動詞部分（aufstehen の場合は stehen）の語尾変化に注意すればよい。

② チャレンジ 以下の和文を独訳しましょう。1-66

1) 決定疑問文

彼は明日 7 時に起床するのですか。

_____

2) 補足疑問文

いつ彼は起床するのですか。

_____

Lektion **11** 分離・非分離動詞

B 非分離動詞 (Untrennbare Verben)

【どのようなもの？】
非分離動詞は、前つづりと基礎動詞部分が分離しないため、普通の動詞と基本的に同じ機能を果たす。このような非分離動詞の前つづりを非分離前つづりと呼び、そこには be-, emp-, ent-, er-, ge-, ver-, zer- などがある。ちなみにアクセントは基礎動詞部分にある。

3a チャレンジ 以下の非分離動詞を和訳しましょう。

be + kommen = bekommen 「　　　　　」 / be + suchen = besuchen 「　　　　　」
ver + stehen = verstehen 「　　　　　」 / zer + brechen = zerbrechen 「　　　　　」

✓ チェック

☆人称変化に際して、分離動詞と同様、非分離動詞も後半の基礎動詞部分の語尾だけ（bekommen の場合は kommen）が変化する。

3b チャレンジ 以下の和文を独訳しましょう。1-67

1) 平叙文
君は明日 12 時にある病人を見舞う（einen Kranken besuchen）。

2) 決定疑問文
彼は明日 12 時に彼女の父親を訪ねるのですか。

3) 補足疑問文
いつ彼は彼女の父親を訪ねるのですか。

C 分離・非分離動詞 (Verben mit teilweise trennbaren, teilweise untrennbaren Vorsilben)

【どのようなもの？】
durch-, hinter-, über-, um-, unter-, voll-, wider-, wieder- の 8 個の前つづりは、同じ基礎動詞部分を持ちながらも、分離動詞として機能する場合と、非分離動詞として機能する場合がある。大まかな判別法として、分離動詞の場合は分離前つづりにアクセントがあり、可視的で具体的な出来事を表現するのに対し、非分離動詞の場合は基礎動詞部分にアクセントがあり、不可視的で抽象的な行為を表現する、というのがある。

dreiundvierzig

4 チャレンジ　以下の独文を和訳しましょう。1-68

1) **übersetzen**（向こう岸に）渡す（→具体的な移動を表わしているので分離）
Er setzt sie an das andere Ufer über.

....

2) **übersétzen** 翻訳する（→ある言語から別の言語への変換という抽象的な「移動」を表現するので非分離）
Er übersetzt das Gedicht vom Deutschen ins Japanische.

....

5 チャレンジ　次の独文にある（　）に【　】内の分離動詞を正しく記入し、和訳しましょう。
1-69

1) Heute (　　　　　　　　) er allein (　　　　　　　　).【ausgehen】

....

2) (　　　　　　　　) an seinem Unterricht (　　　　　　　　) !
【teilnehmen / du に対する命令法で】

....

3) Ludwig (　　　　　　　　) um elf Uhr in Frankfurt (　　　　　　　　).【ankommen】

....

4) Ich (　　　　　　　　) mit der Arbeit (　　　　　　　　).【aufhören】

....

5) Wir (　　　　　　　　) dich heute Abend (　　　　　　　　).【anrufen】

....

MEMO

Lektion 12 形容詞

予習ポイント

① 形容詞の3種類の変化の表を完成させる (S.46-48 Übung 1-7)
② 形容詞の名詞化を学び、その表を完成させる (S.49, 50 Übung 8-9)
③ 形容詞の練習問題を自力で解答する (S.50 チャレンジ)

A 形容詞 （Adjektiv）

【どのようなもの？】 1-70

1) 形容詞：名詞のみを修飾→名詞の属性（例：「目が青い」、「青い目」）を表わす。
2) 形容詞には「述語〔独立〕的用法」と「付加語的用法」の2種類の用法しかない。

   Z.B. 【述語的用法】 Meine Augen sind blau.　　　　私の目は青い。
   　　 【付加語的用法】 Diese blauen Augen gefallen mir.　この青い目が私は好きだ。

3) 二つの用法で分かる通り、述語的用法では形容詞 blau が何の語尾変化もしていないにもかかわらず、付加語的用法では blau に -en が付くことで語尾が格変化している。このように、形容詞が名詞の前に置かれる付加語的用法では、形容詞も男性・中性・女性・複数のそれぞれ4つの格に応じた格変化をする。
4) 格変化の仕方は、強変化・弱変化・混合変化の3種類あり、以下のような原則に基づいて変化する。

   Z.B. (a) 強変化　：（冠詞なし）　　　　形容詞＋名詞　roter Apfel　　　赤いリンゴ
   　　 (b) 弱変化　：定冠詞（類）＋形容詞＋名詞　　　der rote Apfel　　その赤いリンゴ
   　　 (c) 混合変化：不定冠詞（類）＋形容詞＋名詞　　ein roter Apfel　　1つの赤いリンゴ

B 3種類の形容詞の変化表
B-1 強変化：（冠詞なし）形容詞＋名詞

【どのようなもの？】

1) 形容詞だけで名詞の性・格・数を示すため、格変化が激しくなり「強変化」と呼ばれる。
2) 変化の仕方は男性・中性2格（両方 -en）以外は定冠詞類（dieser 型冠詞類）と同じ変化。

① Übung 1　以下の定冠詞類 dieser の格変化表を完成させ、変化語尾にマークしましょう。
　　　　　　 （→巻末付録 S.112）

【定冠詞類 dieser の格変化の語尾】

	m.	f.	n.	Pl.
1格				
2格				
3格				
4格				

Lektion **12** 形容詞

✏️ **① Übung 2** 以下の形容詞の強変化語尾の格変化表を完成させ、dieser の変化語尾と比較しましょう。（→巻末付録 S.112）

【形容詞の強変化における格変化の語尾】

	m.	f.	n.	Pl.
1格				
2格				
3格				
4格				

> ✅ チェック
>
> ★定冠詞類の変化表では、男性と中性の2格がどちらも -es となる一方、形容詞の強変化語尾変化表における男性と中性の2格はどちらも -en となっている。これは、先にも言ったとおり、名詞の語尾に所有の -s が付くので、形容詞は性・数・格を示すことをやめたからである。

✏️ **① Übung 3** 以下の「形容詞の強変化＋名詞」の格変化表を完成させましょう。（→巻末付録 S.112）

【形容詞の強変化】

	m. (neuer Tisch)	f. (neue Lampe)	n. (neues Auto)	Pl. (neue Autos)
1格				
2格				
3格				
4格				

B-2 弱変化：定冠詞(類)＋形容詞＋名詞

【どのようなもの？】
1) 定冠詞(類)＋形容詞＋名詞という形で、定冠詞が名詞の性・数・格を表わしてくれる。
2) そのため形容詞は -e か -en の語尾変化だけで事足りる。
3) 弱変化形容詞の2格・3格語尾は性・数を問わず全て -en、また複数も全て -en、男性4格も -en で、それ以外は全て -e である。

✏️ **① Übung 4** 以下の形容詞の弱変化語尾の格変化表を完成させましょう。（→巻末付録 S.113）

【形容詞の弱変化における格変化の語尾】

	m.	f.	n.	Pl.
1格				
2格				
3格				
4格				

① Übung 5　以下の「形容詞の弱変化＋名詞」の格変化表を完成させましょう。（→巻末付録 S.113)

【形容詞の弱変化】

	m. (der neue Tisch)	f. (die neue Lampe)	n. (das neue Auto)	Pl. (die neuen Autos)
1格				
2格				
3格				
4格				

B-3 混合変化：不定冠詞(類)＋形容詞＋名詞

【どのようなもの？】
1) 不定冠詞(類)＋形容詞＋名詞という形で、男性1格・中性1格・4格以外は不定冠詞が名詞の性・数・格を表わしてくれる。
2) 男性1格・中性1格・4格の3つだけは形容詞が強変化（定冠詞類の変化）をする。
3) 弱変化同様、混合変化形容詞でも2格・3格語尾は性・数を問わず全て -en、また複数も全て -en、男性4格も -en である。

① Übung 6　以下の形容詞の混合変化語尾の格変化表を完成させましょう。（→巻末付録 S.113）

【形容詞の混合変化における格変化の語尾】

	m.	f.	n.	Pl.
1格				
2格				
3格				
4格				

① Übung 7　以下の「形容詞の混合変化＋名詞」の格変化表を完成させましょう。（→巻末付録 S.113)

【形容詞の混合変化】

	m. (ein neuer Tisch)	f. (eine neue Lampe)	n. (ein neues Auto)	Pl. (meine neuen Autos)
1格				
2格				
3格				
4格				

✓ チェック

1) 形容詞が名詞の性・数・格を示す時：（男・中性2格以外の）定冠詞類の語尾変化をする。
2) 形容詞が性・数・格を示さない時：-e か -en の語尾変化しかしない。

C 形容詞の名詞化

【どのようなもの？】

1) 英語で *the rich*「金持ち」という形容詞の名詞化があるように、ドイツ語にも形容詞の名詞化がある。その際、以下の点に注意する。

(a) 頭文字を大文字にする。　　(b) 名詞化された形容詞も格変化をする。

例えば reich「金持ちの」を、不定冠詞を付けて男性 1 格で名詞化すると、混合変化が反映される。

Z. B. 「ある（男の）お金持ち」= ein Reicher

2) つまり形容詞の名詞化は次の表の下線部のように格変化した形容詞の頭文字を大文字化しただけである。

	(*m.*) ein reicher Mann	(*m.*) ein Reicher
1 格	ein reicher Mann	ein Reicher
2 格	eines reichen Mann(e)s	eines Reichen
3 格	einem reichen Mann	einem Reichen
4 格	einen reichen Mann	einen Reichen

② Übung 8　deutsch「ドイツの」を例にとって全ての性別の名詞化を見てみよう。（→巻末付録 S.114）

【男性・女性の名詞化→人を表わす】

	そのドイツ人男性	あるドイツ人男性	そのドイツ人女性	あるドイツ人女性
1 格				
2 格				
3 格				
4 格				

【中性の名詞化→事物を表わす／複数の名詞化→複数の人を表わす】

	そのドイツ的なもの	あるドイツ的なもの	そのドイツ人たち	私のドイツ人たち
1 格				
2 格				
3 格				
4 格				

2 Übung 9　次の表を完成させましょう。(→巻末付録 S.114)

【中性：何か新しいこと／何も新しいものはない】〈2格なしの強変化〉

	etwas Neues（何か新しいこと）	nichts Neues（何も新しいものはない）
1格		
2格	————	————
3格		
4格		

> ✓ チェック
>
> 中性名詞として使われる場合には、etwas「何か」(*something*) や nichts「何も〜ない」(*nothing*) の後に置かれることがある。変化はもっぱら中性の強変化であり、2格は使われない。

3 チャレンジ　次の独文の（ ）に正しく変化した形容詞を記入し、和訳しましょう。 1-71

1) Sie trägt eine (　　　　　)【hübsch】Brille.

2) Das (　　　　　)【schwarz】Kleid steht der Frau.

3) Ich liebe (　　　　　)【alt】Autos.

3 チャレンジ　以下の和文を独訳しましょう。 1-72

4) このドイツのケーキ (Kuchen *m.*) はおいしい (lecker)。

5) そのドイツ人たち【形容詞の名詞化】は、何か新しいこと【形容詞の名詞化】を知っている (wissen)。

Lektion **12** 形容詞

コラム 5

形容詞は副詞的用法があり、名詞以外の動詞・形容詞・副詞を修飾する。
Z. B. Das Auto fährt **schnell**.　その自動車は**速く**走る。

コラム 6 » 男性弱変化名詞

【どのようなもの？】
ドイツ語の名詞の性の見分け方において、-e で終わる名詞は、Katze「猫」や Karte「カード」など、ほとんどが女性名詞である。しかし、ごく少数の Junge「少年」など -e で終わる男性名詞があり、これらの男性名詞を男性弱変化名詞と呼ぶ。基本的には、形容詞の男性弱変化語尾の応用である。以下の der junge Mann と der Junge の格変化表を比較してみよう。

【男性弱変化名詞 der Junge の格変化】

	m. (Sg.)		m. (Pl.)	
1格	der junge Mann	der Junge	die jungen Männer	die Jungen
2格	des jungen Mann(e)s	des Jungen	der jungen Männer	der Jungen
3格	dem jungen Mann	dem Jungen	den jungen Männern	den Jungen
4格	den jungen Mann	den Jungen	die jungen Männer	die Jungen

✓ チェック

1) 男性名詞はふつう 2 格語尾で -s を付けるが、男性弱変化名詞は 2 格以下のすべてで -n という語尾が付く。
2) 3 か所も変化しているにもかかわらず、変化の種類が -n しかないため、弱変化といわれるのである。
3) 子音で終わる名詞の場合は語尾に -en を付ける。
4) 他には Student「学生」や Pianist「ピアニスト」のように、主に職業名を表わす -ent や -ist で終わる名詞がある。これらの名詞のアクセントは -ent や -ist に置かれる。← 1 格語尾に -e を入れない！

【男性弱変化名詞 der Student の格変化】

	m. (Sg.)	m. (Pl.)
1格	der Student	die Studenten
2格	des Studenten	der Studenten
3格	dem Studenten	den Studenten
4格	den Studenten	die Studenten

einundfünfzig | 51

Lektion 13 話法の助動詞

予習ポイント

① 話法の助動詞の現在人称変化表を完成させる。(S.52 Übung 1)
② 話法の助動詞のある文章の作り方を学ぶ。(S.52 Übung 2)
③ 話法の助動詞のある独作文問題に自力で解答する。(S.53, 54 チャレンジ)
④ 話法の助動詞に準じる動詞のある独作文問題に自力で解答する。(S.55 チャレンジ)

A 話法の助動詞 (Modalverb)

【どのようなもの？】
★話法の助動詞は不定形の動詞と結びつき、話し手の態度を相手に伝える時に用いられる。

① Übung 1　次の表を完成させましょう。(→巻末付録 S.114)

不定詞	dürfen	können	müssen	sollen	mögen	wollen	möchte
ich							
du							
er / sie / es							
wir							
ihr							
sie / Sie							

B 話法の助動詞を使った文の作り方

【どのようなもの？】
1) 平叙文では話法の助動詞（定動詞）を第2位に、本動詞（原形不定詞）を文末に置いて枠構造にする。
2) 決定疑問文では話法の助動詞（定動詞）を文頭に、本動詞（原形不定詞）を文末に置いて枠構造にする。
3) 補足疑問文では平叙文と同じく話法の助動詞（定動詞）を第2位、本動詞（原形不定詞）を文末に置いて枠構造にする。

② Übung 2　次の不定詞句の意味を「　」に書き入れ、不定詞句から er を用いて文を作ってみましょう。(→巻末付録 S.115) 2-01

平叙文

　　　Käsekuchen backen können　「　　　　　　　　　　　　　　」
　　　　　　　　　　　　↓
　【er を用いて】　　　er (　　　　　)

Er

C 話法の助動詞のある独作文問題

3) チャレンジ 以下の全ての和文を独訳しましょう。2-02

1) 決定疑問文

君はチーズケーキを焼ける？ — ええ、私はチーズケーキを焼けるわ。

2) 補足疑問文

どのように君はチーズケーキを焼けるの？ — 私はオーブン（Ofen *m.*）でそれを焼くことができるわ。

【dürfen】「許可」、「〔否定で〕禁止」

3) 君は今日そのクッキー（Plätzchen *n.* 複数で）を焼いてよい。

4) 彼女は明日そのクッキー【人称代名詞で】を食べてはならない。

【können】「能力」、「可能性」、「許可」

5) 君たちは上手に（gut）ドイツ語を話すことができる。

6) 彼女は病気（krank）かもしれない。

7) 今晩（heute Abend）（君に）電話し（anrufen）てもいい？

【mögen】「推量」、「〜を好む（本動詞の場合）」

8) 君たちはおよそ（etwa）20歳（zwanzig Jahre alt）くらいだろう。

9) 彼女はジャガイモ（Kartoffeln *f.* 複数で）が好きではない。

【möchte】「ひかえめな願望」
10) 私はカレーソーセージ（Currywurst f. 無冠詞で）を食べたい。− それなら（dann）あの飲食店（Imbiss m.）に行って！【命令法で】

....

11) ワインはいかがですか。【敬称 2 人称】【本動詞を省略して】 ― はい、喜んで。【ich を主語にして】

....

【müssen】「強制」、「〔否定文で〕必要」、「推定」
12) 彼はその料理本（Kochbuch n.）をドイツ語（auf Deutsch）で読まないといけない。

....

13) 君たちはその本を買わなくともよい。

....

14) その本は彼女の父親が持っているに違いない。

....

【sollen】①「他者の意志」、②「神や道徳などの要求」、③「伝聞の意志」
「他者の意志（話し手の意志）」
15) 私があなたのところに来ようか？【敬称 2 人称】 − はい、私のところに来てください！【命令法で】

....

「神や道徳などの要求（聖書などで使われる）」
16) 汝殺す（töten）なかれ。【親称 2 人称】

....

「伝聞の意志」
17) その言葉（Wort n.）は聖書に（in der Bibel）あるといううわさだ。

....

【wollen】「〜したい」、「〜しようと思う」、「〜するつもりだ（意志）」
18) 私は味噌汁（Misosuppe f. 無冠詞で）を作って（kochen）飲みたい（essen）。

....

D 話法の助動詞に準じる動詞

4 チャレンジ 以下の不定詞句を、du を主語にした文に書き換え和訳しましょう。 2-03

【使役の助動詞 lassen「(4格に)～させる」】

1) den Mann nach Deutschland fahren lassen

独文 ....

和訳 ....

【知覚動詞 sehen「(4格が～するのを)見る」】

2) den Mann Fußball spielen sehen

独文 ....

和訳 ....

MEMO

Lektion 14 疑問詞・不定代名詞

予習ポイント

① 疑問詞 wer と was の違いを学び、それぞれの格変化表を埋める (S.56 Übung 1)
② wer と was を使って和文独訳をする (S.56 チャレンジ)
③ 疑問詞 welch と was für ein の違いを学び、和文独訳をする (S.57 チャレンジ)
④ 疑問副詞 wann と wo と wie 使って和文独訳をする (S.57 チャレンジ)
⑤ 不定代名詞 (man, jemand, niemand など) の格変化表を埋める (S.58 Übung 2)
⑥ 不定代名詞を使って和文独訳と独文和訳をする (S.58 チャレンジ)

A 疑問代名詞 (Interrogativpronomen)

A-1 wer (who) と was (what)

【どのようなもの？】2-04

1) wer:「人」を尋ねる時に用いる。
   ➡ 格変化の形は男性単数のみ。 ➡ 男女関係なく単数でも複数でも用いられる。
   z.B. (1格) Wer ist da?　誰がそこにいるのですか？

2) was:「事物」を尋ねる時に用いる。
   ➡ 格変化の形は中性単数のみ。 ➡ 基本的に1格と4格だけである。 ➡ 単数でも複数でも用いられる。
   z.B. (1格) Was steht in diesem Brief?　何がこの手紙に書いてあるの？

① Übung 1　以下の疑問詞 wer と was の格変化表を埋めてみよう。(→巻末付録 S.115)

【wer と was の格変化表】

	wer	(定冠詞 m.)	was	(定冠詞 n.)
1格		(der)		(das)
2格		(des)	―	(des)
3格		(dem)	―	(dem)
4格		(den)		(das)

② チャレンジ　以下の和文を独訳しましょう。2-05

1) 君は誰を知っているの？（〔4格〕を知っている = j⁴ + kennen）

2) 彼は誰とサッカー (Fußball m.) をするの？【「誰と」はある前置を使って表現する】

3) それは誰の自転車 (Fahrrad n.) ですか。【「誰の」は2格の疑問詞を使って表現する】

4) 彼女は今日何を食べる (essen) の？

Lektion **14** 疑問詞・不定代名詞

A-2 welch (*which*) と was für ein (*what kind of*)

【どのようなもの？】2-06

1) welch「どちらの／どの」➡ある定められた種類の中のどれかを問う場合。

   z. B. Welchen Kugelschreiber benutzt du?　君はどのボールペンを使うの？

2) was für ein「どんな（種類の）」➡種類そのものを問う場合。➡ was für ein は単数で、複数では ein を省略（was für）。また、für は 4 格支配の機能を失う。

   z. B. (Sg.) Mit was für einem Zug fährt er nach Berlin?　彼はどういう電車でベルリンに行くのですか。
   　　　　　　　　3 格

   z. B. (Pl.) Mit was für Zügen fährt er nach Berlin?　彼はどういう電車でベルリンに行くのですか。
   　　　　　　　3 格

③ チャレンジ　以下の和文を独訳しましょう。2-07

1) どちらのケーキ (Kuchen *m.*) があなたのものですか。([3 格] のものである＝j³＋gehören)【敬称 2 人称で】

   ....

2) 今日は何曜日（Tag *m.*）ですか。—　今日は水曜日（Mittwoch *m.*）です。【wir haben を使って問答文を作る】

   ....

3) なんて賢い（klug）学生（Student *m.*）なんだ！【「なんて（種類の）」とイメージ】

   ....

4) どんな人たち（Leute *Pl.*）と君は今日話す（sprechen）の？【「～と」は前置詞で】

   ....

B 疑問副詞 (Interrogativadverb)

④ チャレンジ　以下の和文を独訳しましょう。2-08

wann (*when*)

1) 君の誕生日（Geburtstag *m.*）はいつなの？【親称 2 人称で】—　私の誕生日は 12 月 1 日だよ。
   （「12 月 1 日が誕生日である」＝ am 1. (ersten) Dezember Geburtstag haben）【haben を使って問答文を作る】

   ....

wo (*where*) – woher, wohin

2) 君は今（jetzt）どこにいるの？—　私は今家に（zu Hause）いる。

   ....

3) どこからいらっしゃいましたか。【敬称 2 人称で】—　私は福岡出身です。

   ....

4) 彼は（彼の）自転車（Fahrrad *n.*）でどこへ行くの？—　彼はそれで（da ＋前置詞）コンスタンツ（Konstanz）に行きます。

   ....

siebenundfünfzig | **57** |

wie(*how*) – wie lange, wie alt, wie viel(e)

5) 調子はいかがですか。(〔3格〕の調子は～である＝ es geht ＋ j³)【敬称2人称】 — ありがとう、元気ですよ。

....

6) 君はドイツにはもう（schon）どれくらい住んでいる（wohnen）の？【親称2人称】 — 私はもう10年ドイツに住んでいます。

....

7) 君は何歳なの？ — 僕は11歳（elf Jahre alt）だよ。

....

8) 君たちはいくらもっているの？【Geldを使って】 — 私たちはたった（nur）5ユーロ（fünf Euro）しか持っていません。

....

C 不定代名詞 (Indefinitpronomen)

【どのようなもの？】
☆英語の *somebody* などにあたるドイツ語の不定代名詞は、基本的に男性不定冠詞の格変化をする。

⑤ Übung 2　以下の不定代名詞の格変化表を埋めてみよう。（→巻末付録 S.115）

【不定代名詞の格変化表】

	(不特定の)人 *one*	誰か *somebody*	誰も～ない *nobody*	誰でも *everybody*	(何か)物(事) *something*	何もない *nothing*
	man	jemand	niemand	jedermann	etwas	nichts
1格						
2格					———	———
3格					———	———
4格						

⑥ チャレンジ　以下の和文は独訳し、独文は和訳しましょう。 2-09

1) 君は何か知っている？ — いや、僕は何も知らないよ。

> **ヒント** etwas と nichts は、1格・4格のみで、何ら変化しない。

2) Spricht man in Deutschland nur Deutsch? — Ja, aber die meisten Deutshen können auch Englisch sprechen.

> **ヒント** man は「人」と訳さず、一般的な傾向を表すように、受け身のように訳すのがポイント。

Lektion 15 非人称代名詞 es

予習ポイント

○非人称代名詞 es を学び、それを用いて和文独訳をする (S.59 チャレンジ) ※「非人称代名詞 es の時間表現」(→ S.100)

A 非人称代名詞 (Impersonalpronomen)

【どのようなもの？】
1) ドイツ語における主語の非人称代名詞 es は、英語の仮主語 it と同様に、それ自体に意味はない。
2) 非人称代名詞 es は、主に自然現象などを表わす構文を作り、「〜という状態である」というニュアンスを持っている。
3) 原則的に 3 人称単数であることに注意。

チャレンジ 以下の和文を独訳しましょう。 2-10

自然現象

1) 稲妻が走る（blitzen）。

2) 今日 (heute) は暖かい (warm)。【「今日」を文頭に】

生理・心理現象

3) 私は寒い（kalt）。【es を使って、3 格の人称代名詞で「〜にとって」を表現する】

4) 私は暑い（heiß）。【3 格の人称代名詞を文頭にして、es を省略した形で】

非人称熟語

【es gibt ＋ 4 格直接目的語】「〔4 格目的語〕がある／存在する」←未知の場所にある人や物に対して

5) ここには 8 (acht) 匹の猫（Katze f.）がいる。

【es geht ＋ 3 格間接目的語＋形容詞】「〔3 格間接目的語〕の調子(具合)は〜である」

6) 君の具合はどう？（〔3 格〕の具合はいかがですか＝ wie geht es ＋ j³ ?）— ありがとう、(私の具合は) 悪くない (nicht schlecht) です。

【es geht um ＋ 4 格目的語】「〔4 格目的語〕が問題である」

7) 私のことが問題となっている。

Lektion 16 動詞の3基本形

予習ポイント

① 動詞の3基本形を学び、規則変化動詞の3基本形の変化表を埋める (S.60 Übung 1)
② 不規則変化動詞の3基本形の変化表を埋める (S.61 Übung 2)
③ 現在人称変化表と過去人称変化表を埋めて比較する (S.62 Übung 3)
④ 4つの動詞の過去基本形を書き出し、過去人称変化表を埋める (S.62 Übung 4)
⑤ 過去形を用いて和文独訳をする (S.62 チャレンジ)

※「話法の助動詞の3基本形」(→ S.100)

A 動詞の3基本形 (Infinitiv, Präteritum, Partizip Perfekt)

【どのようなもの？】 2-11

1) 動詞の3基本形とは「現在形（不定詞）— 過去基本形 — 過去分詞」のことである。
2) 過去基本形は、過去形の語幹そのものであり、文章で人称変化させて活用する場合、歴史的な出来事やある場面の背景描写などに使われる。
   z. B. Es war einmal ein hübsches Mädchen.　昔1人のかわいらしい少女がいました。
3) 過去分詞は、完了形や受動態のときに使われる「形容詞」のことである。
   z. B. Ich habe gestern Fußball gespielt.　私は昨日サッカーをした。
   （→砕いて訳すと「私は昨日サッカーがなされた状態を持っている」）

B 規則変化動詞 (Präteritum der regelmäßigen Verben)

① Übung 1　以下の表にある空欄を埋めましょう。（→巻末付録 S.115）

【規則変化動詞の3基本形】

不定詞 語幹 + en	過去基本形 語幹 + te	過去分詞 ge + 語幹 + t
hören　聞く		
lernen　学ぶ		
arbeiten　働く		
studieren　大学で学ぶ		

ヒント

1) 上の変化表の真ん中にある「**過去基本形**」は、過去人称変化の語幹にあたる。なお、**過去分詞に人称変化は存在しない**。
2) arbeiten のように語幹が **t か d で終わる動詞**（arbeiten, spenden など）においては、**過去基本形と過去分詞で口調上の e が入る**。また、studieren など、**-ieren で終わる動詞**はラテン語などに由来する動詞であり、**過去分詞に ge- が付かず**、ie のところにアクセントがある。

C 不規則変化動詞 (Präteritum der unregelmäßigen Verben)

【どのようなもの？】
1) 不規則動詞の過去基本形は規則がないため、一挙に全て覚えるのでなく、まず sein, haben, werden から確実に覚えよう。ここでは、頻出度の高い不規則変化動詞のみを挙げる。
2) 分離動詞の過去分詞では、後半の基礎動詞部分を過去分詞にする。
   z. B. zuhören 耳を傾ける ➡ zugehört
3) 非分離動詞の過去分詞では、過去分詞の接頭辞 ge- を付けない。
   z. B. bezahlen 支払う ➡ bezahlt（（×）gebezahlt）

②Übung 2　以下の不規則変化動詞の3基本形の変化表を埋めましょう。（→巻末付録 S.116）

【不規則変化動詞の3基本形】

不定詞	過去基本形	過去分詞	意味
sein			
haben			
werden			
gehen			
ausgehen			
kommen			
bekommen			
stehen			
aufstehen			
verstehen			
wissen			
geben			
tun			

D 過去人称変化 (Konjugation der Verben im Präteritum)

【どのようなもの？】
1) ドイツ語の過去人称変化＝「過去基本形（＝語幹）」＋「過去人称変化語尾」
2) なお過去人称変化語尾は、現在人称変化の1・3人称単数語尾が無語尾になるだけである。
3) しかも、過去人称変化語尾に不規則変化がないため、1パターンしかない。

③ Übung 3
以下の2つの表に、現在人称変化語尾と過去人称変化語尾を埋めて比較しましょう。(→巻末付録 S.116)

【現在人称変化】

ich	語幹＋	wir	語幹＋
du	語幹＋	ihr	語幹＋
er / sie / es	語幹＋	sie / Sie	語幹＋

【過去人称変化】

ich	過去基本形＋	wir	過去基本形＋
du	過去基本形＋	ihr	過去基本形＋
er / sie / es	過去基本形＋	sie	過去基本形＋

ヒント 過去人称変化で気を付けるべきは、wir と sie において、過去基本形が e で終わっている場合、その語尾 e を省略し、そのまま en を付ける。(lernte ＋ en ＝ lernten)

④ Übung 4
以下の4つの動詞の過去基本形を書き出し、過去人称変化表を埋めましょう。(→巻末付録 S.116)

【arbeiten, sein, haben, werden の過去人称変化】

不定詞	arbeiten	sein	haben	werden
過去基本形				
ich				
du				
er / sie / es				
wir				
ihr				
sie / Sie				

⑤ チャレンジ
過去形を使って以下の和文を独訳してみよう。 2-12

1) 君たちの調子はどうだった？ ―（僕らの調子は）良かったよ。（「〔3格〕は～という調子である」＝ es geht j³）

────────────────────

2) あなたはどこにいたのですか。― 私は家に（zu Hause）いました。【敬称2人称で】

────────────────────

3) 君たちはいつ起きたんだい？ ― 私たちは6時に（um sechs Uhr）起きた。

────────────────────

MEMO

Lektion 17 現在完了形

予習ポイント

① 現在完了形の仕組みと作り方を学び、現在完了形を用いて和文独訳する (S.64 チャレンジ)
② haben 支配の現在完了形を用いて和文独訳する (S.65 チャレンジ)
③ sein 支配の動詞を学び、完了形の不定詞を作る (S.65 Übung)
④ sein 支配の現在完了形を用いて和文独訳する (S.66 チャレンジ)
⑤ 各練習問題を解く (S.66 チャレンジ)

※「過去完了・未来完了」(→ S.101)

A 現在完了形 (Perfekt)

【どのようなもの？】 2-13

1) ドイツ語の過去形が歴史的な事実や背景を回想的に述べるときの時制であるのに対し、現在完了形は、「完了・経験・結果」という主体の行為や状態を表わす。しかし、会話においてはさほど厳密ではない。

2) 現在完了形の仕組み：haben（sein）＋ 過去分詞
   完了の助動詞　　　　　本動詞

3) haben や sein が完了の助動詞である以上、文章の作り方は、以下のように話法の助動詞（→ S.52）と構造的には同じである。

【平叙文】完了の助動詞（haben か sein）を第２位、過去分詞(本動詞)を文末に置いて枠構造を作る。

z.B. Er hat gestern seinem Freund ein Buch gegeben. 彼は昨日友人に１冊の本を与えた。
          └─────── 枠構造 ───────┘

【決定疑問文】完了の助動詞（haben か sein）を文頭に、過去分詞を文末に置いて枠構造を作る。

z.B. Hat er gestern seinem Freund ein Buch gegeben? 彼は昨日友人に１冊の本を与えたのか？
        └─────── 枠構造 ───────┘

【補足疑問文】疑問詞を文頭に置くだけで、動詞の位置は平叙文と同じである。

z.B. Wann hat er seinem Freund ein Buch gegeben? いつ彼は友人に１冊の本を与えたのか？
          └───── 枠構造 ─────┘

① チャレンジ　完了の助動詞 haben を用いた現在完了形で次の和文を独訳してみよう。 2-14

1) 彼女は日本語 (Japanisch) を学んだ。

　　　　　　　　　　　　　　　　　　　　　　　　　

2) 君はドイツ語 (Deutsch) を学んだの？

　　　　　　　　　　　　　　　　　　　　　　　　　

3) 君たちは何を今日学んだの？

B haben 支配の現在完了形

【どのようなもの？】
haben 支配の動詞の特徴はすべての他動詞と行為を表わす自動詞である。➡ haben ＋過去分詞（→ S.60）

✎ ② チャレンジ　完了の助動詞 haben を用いた現在完了形で和文を独訳してみよう。2-15

1) 彼は昨日（gestern）その本を読ん（lesen）だ。

....

2) 今日雨が激しく（heftig）降っ（regnen）た。【「今日」を文頭に】（非人称代名詞→ S.59）

....

3) そのバラ（Rose f.）は一昨日（vorgestern）この庭で咲（blühen）いたところだ。

....

C sein 支配の現在完了形

【どのようなもの？】2-16
1) sein 支配の現在完了形：sein ＋過去分詞 ➡ sein ＋形容詞と似ている ➡ 主体の状態を表わしている
2) sein 支配の動詞の特徴：(a)「場所の移動」を示す自動詞／(b)「状態の変化」を示す自動詞／(c)「状態そのもの」を表わす自動詞。
3) sein 支配の現在完了形を用いた文章の作り方は、haben 支配と同じである。

　Z.B.　平叙文　　Ich bin jetzt nach Hause gekommen.　　私は今帰宅したところだ。
　　　　　　　　　　　　　　枠構造

　Z.B.　決定疑問文　Bist du einmal in Leipzig gewesen?
　　　　　　　　　　　　枠構造
　　　　　　　　　　　　　　　　　　　　　君はかつてライプツィヒに行ったことがあるかい？

　Z.B.　補足疑問文　Warum ist sie nach Dresden gefahren?　なぜ彼女はドレスデンに行ったのですか？
　　　　　　　　　　　　　　　枠構造

✎ ③ Übung　以下の sein 支配の動詞を「sein ＋過去分詞」という形で書き換えてみましょう。（→巻末付録 S.17）

(a)「場所の移動」を示す自動詞／(b)「状態の変化」を示す自動詞／(c)「状態そのもの」を表わす自動詞

意味	不定詞	完了不定詞句	意味	不定詞	完了不定詞句
(a) 行く	gehen	＋	(a) 落ちる	fallen	＋
(b) なる	werden	＋	(b) 死ぬ	sterben	＋
(c) 〜である	sein	＋	(c) とどまる	bleiben	＋

4 チャレンジ　完了助動詞 sein のある現在完了形を用いて和文を独訳してみよう。 2-17

1) 私たちは今（gerade）東京から来たところだ。

2) 彼女は今年（dieses Jahr）教師になった。

3) 我々は去年（letztes Jahr）ドイツに行った（いた）ことがある。【sein 動詞を本動詞にして】

5 チャレンジ　次の独文を現在完了形に書き換え、その現在完了形のある独文を和訳しましょう。 2-18

1) Sie studiert an der Universität Jura.
独文
和訳

2) Er nimmt morgen an diesem Seminar teil.
独文
和訳

3) Fährt Wolfgang jetzt mit dem Zug zum Flughafen?
独文
和訳

4) Mein Hund stirbt einsam.
独文
和訳

5) Wann seid ihr in München?
独文
和訳

5 チャレンジ　次の和文を現在完了形のあるドイツ語の文に書き換えましょう。

6) その父親は息子（Sohn *m.*）にお金（Geld *n.* 無冠詞で）をあげた。【geben を用いて】

7) 昨日ニーナ（Nina）は彼女の（女性の）友達と出かけた。【ausgehen を用いて】

8) 私は君の言うこと（dich）が聞こえなかった。【verstehen を用いて】

MEMO

Lektion 18 接続詞

予習ポイント

① 主文と副文を学ぶ (S.68)
② 並列接続詞の仕組みを学び、並列接続詞を用いて和文独訳する (S.68, 69 チャレンジ)
③ 副詞的接続詞の仕組みを学び、副詞的接続詞を用いて和文独訳する (S.69 チャレンジ)
④ 従属接続詞の仕組みを学び、従属接続詞を用いて和文独訳する (S.70, 71 チャレンジ)

A 接続詞 (Konjunktion)

① 次の説明を読んで主文と副文を学ぼう。

【どのようなもの？】
1) ドイツ語の接続詞は文と文（あるいは句）をつなぐジョイントであり、3 種類ある。
2) 定動詞の位置に注意する。
3) 定動詞が 2 番目に位置する文を主文、定動詞が文末に位置する文を副文という。

B 並列接続詞 (Koordinierende Konjunktion)

【どのようなもの？】 2-19
1) 文章の中で 0（ゼロ）番目の位置を占め、並列接続詞のある文の定動詞は主語に続いて 2 番目にある。
   Z. B. Du hast Geld, aber ich habe kein Geld.　君はお金を持っているが、私にはお金がない。
         1   2   3   0   1   2   3
2) つまり並列の接続詞は、主文と主文をそのままつなげ、接続された各文の語順に何ら影響を与えないのだ。
   Z. B. S + V + O, 並列接続詞 S + V + O.
         └ 主文 ┘   └ 主文 ┘

② チャレンジ 次の並列接続詞を用いて和文独訳をしてみよう。 2-20

und そして　sondern 〜ではなくて　oder あるいは　denn というのは　aber しかし　など

【und】「〜と…」、「〜であり…」
1) その母親は読書をし、そして彼女の息子は遊んでいる。

【denn】「なぜならば」
2) 今から家へ帰ります（nach Hause gehen）。なぜならば子供が病気ですから。

Lektion **18** 接続詞

【sondern】
nicht〜, sondern ... 「〜ではなく…」
3) 彼ではなく、彼女に責任がある（schuld sein）。

....

【nicht nur〜, sondern auch ...】「〜だけでなく、…も」
4) 彼女は美しい（schön）ばかりではなく、賢く（klug）もある。

....

C 副詞的接続詞（Adverbiale Konjunktion）

> 【どのようなもの？】2-21
> 1) 副詞的接続詞のある文の中で<u>1番目の位置を占め、定動詞はその次の2番目に位置する。</u>
>   Z. B. Ich habe Durst, <u>deshalb</u> brauche ich Wasser.　私はのどが渇いているので、水を必要としている。
>   　　　　　2　　　　　1　　　　2
> 2) つまり文頭の副詞的接続詞は、1単語の「副詞」として見なされるため、1番目のポジションを占めるのだ。
>   Z. B. S + V + O, 副詞的接続詞 V + S + O.
>   　　└─主文─┘　　　　　　└─主文─┘

③ チャレンジ　次の副詞的接続詞を用いて和文独訳をしてみよう。2-22

> daher だから　also それゆえ　dann それから　deshalb それゆえ　so だから　　など

【daher】「だから」
1) 雨が強く（stark）降っている、だから君たちはサッカーをしない。

....

【also】「それゆえ」
2) われ思う（denken）、ゆえに我あり。

....

neunundsechzig | **69**

D 従属接続詞 (Subordinierende Konjunktion)

【どのようなもの？】 2-23

1) 従属の接続詞：副文を作る。副文は文ではなく「句」（ないしは「節」）として1要素であり、主文の背景を説明する機能を持つ。そのため、副文の定動詞は文末に位置する。(→ S.69)

z. B. Wir spielen nicht Fußball, weil wir keinen Platz haben.
　　　 1　 2　　　　　　　　　　　文頭　　　　　　　　文末
　　　　　　　　　　　　　　　　　　　 ―――1要素―――
　　　　　　　　　　　　　　　私たちはサッカーをしない。なぜなら広場がないからだ。

2) 1) の文では、前半の Wir 以下の文は主文、後半の weil 以下の文が副文である。その weil 以下の副文では、動詞の haben が文末の位置に来て枠構造を形成している。そのことにより、この weil 以下の副文が先行した場合、以下のようになる。

z. B. Weil wir keinen Platz haben, spielen wir nicht Fußball.
　　　文頭　　　　　　　　文末　　　2
　　　―――――1―――――
　　　　　　　　　　　　　　　私たちには広場がないので、私たちはサッカーをしない。

3) 2) の文では、主文の動詞 spielen が副文の直後に来て、主語の wir に先行している。つまり、2) の文では、定動詞第2位の法則を生かすため、枠構造を成している副文が主文の1要素としてしかみなされないのである。

z. B. S + V + O, 従属接続詞 S + O + V ／ 従属接続詞 S + O + V, V + S + O
　　　―主文―　　　―――副文―――　　　 ―――副文―――　―主文―

✎ 4 チャレンジ　次の従属接続詞を用いて和文独訳をしてみよう。 2-24

als ～した時	dass ～ということ	wenn もし～ならば、～するとき
obwohl ～にもかかわらず	ob ～かどうか	während ～する間
weil （というのも）～なので	da ～なので（聞き手も分かる周知の事実）	など

【als】「～したとき」（過去のある時点における一度限りの行為を表わすとき）

1) 私の姉（妹）は学生だったときに、東京に住んでいた。(sein の過去＝ war, wohnen の過去＝ wohnte)

....

【wenn】「～するとき、もし～するならば」→ 英語の if に相当する

2) もし明日時間があれ (Zeit haben) ば、私たちは映画を観に行く (ins Kino gehen)。

....

3) 【2) と同じ意味で wenn を省略した文に書き換える場合。副文の動詞を文頭に持ってくる】

....

Lektion **18** 接続詞

【weil】「～なので」（重要な新しい事実を、論理的つながりのある理由とする場合）
4) 彼は疲れている (müde) ので、今日は働かない。

5) なぜ彼らは今日働かないのですか。— 彼らは怠慢 (faul) だからです。

【dass】「～ということ」
6) 私は、その飛行機 (Flugzeug n.) が時間通りに (pünktlich) 着く (ankommen) と思う。

7) 天気 (Wetter n.) があまりに良 (schön) すぎて、(その) 1匹の猫 (Katze f.) があくびをしている (gähnen)。【so～dass ... を使って】

【obwohl】「～にもかかわらず」
8) 君たちは宿題 (Hausaufgabe f. 複数・無冠詞で) があるにもかかわらず、パソコンで (am PC) 遊んでいる。

【während】「～する間」、「(A は) ～する一方で、(B は) …している」
9) 彼が掃除をしている (sauber machen) 間、彼女はどこかで (irgendwo) 遊んでいる。

Lektion 19 再帰代名詞・再帰動詞

予習ポイント

① 再帰代名詞を学び、再帰代名詞の格変化表を埋める (S.72 Übung 1)
② 再帰代名詞と人称代名詞のある独文を和訳し比較する (S.73 チャレンジ)
③ 4格の再帰動詞を和訳し、他動詞との違いを確認する (S.73 Übung 2)
④ 4格の再帰動詞 freuen の現在人称変化表を完成させる (S.73 Übung 3)
⑤ 4格の再帰動詞を用いて和文独訳をする (S.74 チャレンジ)
⑥ 3格の再帰動詞を和訳する (S.74 Übung 4)
⑦ 3格の再帰動詞 denken の現在人称変化表を完成させる (S.74 Übung 5)
⑧ 3格の再帰動詞を用いて和文独訳をする (S.74 チャレンジ)

A 再帰代名詞の格変化 (Reflexivpronomen)

【どのようなもの？】 2-25

1) ドイツ語の再帰代名詞 sich は、英語の *oneself*（「自分自身」）と似ている。つまり主語と同じものが代名詞として文中に再び帰ってくるのだ。再帰代名詞には、次のように3・4格しか存在しない。

Z. B. 【3格の再帰代名詞】 Er kauft sich³ ein Fahrrad.　　彼は（自分に）1台の自転車を買う。
Z. B. 【4格の再帰代名詞】 Sie stellt sich⁴ vor.　　　　　彼女は自己紹介をする（自分を紹介する）。

2) 再帰代名詞における1人称・2人称（親称）の3・4格は、人称代名詞の1人称・2人称（親称）の3・4格と単複同形である。しかし、2人称敬称・3人称の再帰代名詞は、数や格にかかわらず、どれも sich になる。

Übung 1　次の再帰代名詞の格変化表を完成させよう。（→巻末付録 S.117）

【再帰代名詞の格変化表】

Sg.	1人称	2人称	3人称			2人称（敬称）
			彼	彼女	それ	
1格	—	—	—	—	—	—
2格	—	—	—	—	—	—
3格						
4格						
Pl.	1人称	2人称	3人称			2人称（敬称）
1格	—	—	—			—
2格	—	—	—			—
3格						
4格						

Lektion **19** 再帰代名詞・再帰動詞

✏️ ② チャレンジ　それでは、以下の（　）内に再帰代名詞か人称代名詞かを記入し、独文を和訳してみよう。2-26

1) Ich wasche mich.　→ mich ＝（　　　　　）代名詞

2) Er wäscht mich.　→ mich ＝（　　　　　）代名詞

3) Er wäscht ihn.　→ ihn ＝（　　　　　）代名詞

4) Er wäscht sich.　→ sich ＝（　　　　　）代名詞

ヒント
- 1) の例文では、主語の ich と目的語の mich が同じものなので、mich が再帰代名詞だと分かる。
- 2) の例文では、主語の er と目的語の mich は明らかに異なるものなので、mich が人称代名詞だと分かる。
- 3) の例文では、主語の er と目的語の ihn が異なる可能性を含んでいるので、ihn は人称代名詞である。
- そのため、4) の例文のように再帰代名詞 sich が必要となる。
- ここでのポイントは、たとえ 1・2 人称の再帰代名詞の 3・4 格（mir, mich, dir, dich, uns, uns, euch, euch）が 1・2 人称の人称代名詞の 3・4 格（mir, mich, dir, dich, uns, uns, euch, euch）と同形であろうと、主語と一致していれば再帰代名詞、主語と一致していなければ人称代名詞なので、常に区別しておくことが肝要である。

B 再帰動詞 (Reflexives Verb)

【どのようなもの？】
再帰代名詞と結びついてまとまった意味を持つ動詞を再帰動詞という。3 格と 4 格の再帰代名詞をとる再帰動詞があるが、4 格の再帰代名詞をとるものが多い。

B-1 4 格の再帰代名詞を取る再帰動詞

✏️ ③ Übung 2　次の再帰動詞の意味を（　）内に記入してみよう。(→巻末付録 S.117)

1) j^4 freuen 「(4 格を)喜ばせる」　→ sich^4 freuen　（　　　　　）
2) et^4 setzen 「(4 格を)置く」　→ sich^4 setzen　（　　　　　）
3) et^4 erkälten 「(4 格を)冷やす」　→ sich^4 erkälten　（　　　　　）

✏️ ④ Übung 3　次の再帰動詞 freuen の現在人称変化表を完成させよう。(→巻末付録 S.117)

【再帰動詞 freuen の現在人称変化表】

人称代名詞 (Sg.)	動詞	再帰代名詞	人称代名詞 (Pl.)	動詞	再帰代名詞
ich			wir		
du			ihr		
er			sie		
es			Sie		
sie			−		

dreiundsiebzig | 73

5 チャレンジ 次の再帰動詞の意味を（　）内に記入し、その再帰動詞を用いて和文独訳をしてみよう。2-27

sich⁴ für et⁴ interessieren（　　　　　　　　　　　　　　　　　　　　）

1) 彼女は法学（Jura *Pl.* 無冠詞で）に興味を持つ。

---

sich⁴ auf et⁴ freuen（　　　　　　　　　　　　　　　　　　　　　　　）

2) 君たちは冬休み（クリスマス休暇 Weihnachtsferien *Pl.*）を楽しみにしている。

B-2　3格の再帰代名詞を取る再帰動詞

6 Übung 4　次の再帰動詞の意味を（　）内に記入してみよう。（→巻末付録 S.118）

et⁴ merken「(4 格)を気づく」→ sich³ et⁴ merken（　　　　　　　）

7 Übung 5　次の再帰動詞 merken の現在人称変化表を完成させよう。（→巻末付録 S.118）

人称代名詞 (Sg.)	動詞	再帰代名詞	人称代名詞 (Pl.)	動詞	再帰代名詞
ich			wir		
du			ihr		
er			sie		
sie			Sie		
es			−		

8 チャレンジ　3格の再帰動詞 merken を用いて次の和文を独訳してみよう。2-28

彼女はその電話番号（Telefonnummer *f.*）を覚えておく。

Lektion 19 再帰代名詞・再帰動詞

コラム 5 » 相互代名詞

【どのようなもの？】
主語が複数形の場合、再帰代名詞が「お互いに」という意味を持つことがある。

Z. B. Er spricht sie und sie spricht ihn. Sie sprechen sich. 【4格と会って話す＝ j⁴ sprechen】
彼は彼女と会って話しているし、彼女は彼と会って話している。彼らは互いに語り合っている。

コラム 6 » 再帰代名詞の位置

【どのようなもの？】
1) 主文の中では定動詞の前には置けない。　**Z. B.** (×) Sich interessiert er für die Politik
2) 主語が人称代名詞の場合には主語よりも前に置けない。　**Z. B.** (×) Er weiß, ob sich sie hier setzen will.
3) 主語が普通名詞の場合には、しばしば再帰代名詞が主語の前に置かれることもある。
Z. B. (○) Der Kuchen ist so lecker, dass sich die Frau noch ein Stück kaufen möchte.
そのケーキはとてもおいしいので、その女性は（自分に）もう1つ買いたいと思っている。

MEMO

Lektion 20 zu 不定詞

予習ポイント

① 不定詞、zu 不定詞、zu 不定詞句の表を埋めて比較する (S.76 Übung)
② zu 不定詞句を用いて和文独訳をする (S.76, 77 チャレンジ)

A zu 不定詞（句） (Infinitiv mit zu)

【どのようなもの？】 2-29

1) 英語の to 不定詞にあたるものは、ドイツ語では、zu 不定詞という。zu 不定詞は、「〜すること」という意味の長い名詞句をひとくくりにする機能（zu 不定詞句）を持っているため、長文では多用される。
   Z.B. Deutsch zu lernen ist interessant.　ドイツ語を学ぶことは面白い。

2) 分離動詞を zu 不定詞にする場合、前半の分離前つづりと後半の基礎動詞部分の間に zu を挿入しつなげる。
   Z.B. 【aufstehen の場合】Spät aufzustehen ist ungesund.　寝坊（遅く起きること）は不健康。

① Übung　次の表を完成させて、不定詞、zu 不定詞、zu 不定詞句を比較してみよう。(→ 巻末付録 S.118)

不定詞	wohnen	不定詞句	seit fünf Jahren in Berlin wohnen
意味		意味	
zu 不定詞		zu 不定詞句	
意味		意味	

B zu 不定詞（句）の用法

② チャレンジ　zu 不定詞句を使って次の和文を独文してみよう。 2-30

【主語的用法】

1) 日本語を話す (sprechen) ことは簡単だ (einfach)。

【述語的用法】

2) 難しい (schwer) のは、早起きする (früh aufstehen) ことだ。【es を主語にして】

【動詞の目的語】

3) 君たちは明日の晩に (morgen Abend) 彼のところに (zu + 3格) 来ると私たちと約束する (versprechen)。

【名詞の規定】

4）君は彼らと一緒に（mit + 3格）映画を観に行く（ins Kino gehen）気がある（Lust haben）かい？

【熟語表現】

um ... zu 不定詞「〜するために」

5）彼女は 1 冊の本を買うために、街へ（in die Stadt）（車で）行く。

ohne ... zu 不定詞「〜することなしに」

6）彼は、自分の宿題（Hausaufgabe f. 複数で）をせずにサッカーをする（Fußball spielen）。

statt ... zu 不定詞「〜する代わりに」

7）彼は、仕事をする（arbeiten）代わりに映画を観に行く。

haben + zu 不定詞「〜しなければならない」（= müssen）（英 have to- 不定詞）

8）学生たちは、今その課題（Aufgabe f.）を解か（lösen）なければならない。

sein + zu 不定詞「〜されうる」、「〜されねばならない」（受動で可能、あるいは受動で義務の意味）

9）彼の文字（Schrift f.）は読めない。

MEMO

Lektion 21 受動態

予習ポイント

① 受動態を学び、動詞 öffnen を用いて受動不定詞句の表を埋める（S.78 Übung 1）
② 受動態の作り方を学び、能動態から受動態へ書き換える（S.79 チャレンジ）
③「werden ＋過去分詞」を現在・過去・現在完了の時制に応じて書き換える（S.80 Übung 2）
④ 現在・過去・現在完了の時制に応じて受動態の和文独訳をする（S.80 チャレンジ）

※「自動詞のある受動態」（→ S.102）

A 受動態 （Passiv）

【どのようなもの？】 2-31

1) ドイツ語の受動態でも、話法の助動詞（→ S.52）や完了の助動詞（→ S.64）と同様に、受動の助動詞がある。受動の助動詞は、werden ないしは sein であり、過去分詞と一組となって受動の不定詞句を作る。

z. B. werden ないしは sein ＋ 過去分詞 ＝受動の不定詞句

【平叙文】受動の助動詞（werden か sein）を第 2 位、過去分詞（本動詞）を文末に置いて枠構造を作る。

z. B. Das Buch wird von meinem Freund geschenkt.　　その本は友人によって贈られる。
　　　　　　　　─────枠構造─────

【決定疑問文】受動の助動詞（werden か sein）を文頭に、過去分詞を文末に置いて枠構造を作る。

z. B. Wird das Buch von meinem Freund geschenkt?　　その本は友人によって贈られるのか？
　　　　　　　　───枠構造───

【補足疑問文】疑問詞を文頭に置くだけで、動詞の位置は平叙文と同じである。

z. B. Wann wird das Buch von meinem Freund geschenkt?　いつその本は友人よって贈られるのか？
　　　　　　　　────枠構造────

2) 受動の助動詞 werden の場合は動作受動（「～される」）を表わすが、受動の助動詞 sein の場合は状態受動（～「されている」〔～された状態である〕）を表わす。

z. B. Das Buch ist von meinem Freund geschenkt.　　その本は友人によって贈られている。
　　　　　　　　───枠構造───

① Übung 1
動詞 öffnen を使って、動作受動の場合は「werden ＋過去分詞」、状態受動の場合は「sein ＋過去分詞」という受動不定詞句に書き換えて、次の表を埋めてみよう。（→巻末付録 S.118）

【öffnen の受動不定詞】

不定詞	意　味	（動作の）受動不定詞句	意　味
öffnen		＋	
不定詞	意　味	（状態の）受動不定詞句	意　味
öffnen		＋	

B 受動態の作り方

【どのようなもの？】2-32

1) 能動態では、主語が1格、目的語が4格になる。

   Z. B.【能動態】Mein Freund schenkt das Buch.　私の友人がその本を贈る。
   　　　　　　　　　1格　　　　　　　4格（目的語）

2) 受動態では、能動態と異なり、能動態にあった4格（目的語）を文の主語（1格）にする。その際、能動態の主語 mein Freund（1格）を von ＋ 3格（「～によって」）という形に書き換える。

   Z. B.【受動態】Das Buch wird von meinem Freund geschenkt.　その本は友人によって贈られる。
   　　　　　　　　1格　　　　von ＋ 3格

3) 受動態における意味上の主体 von ＋ 3格「～によって」は、durch ＋ 4格「～を通じて」で表現される場合がある。つまり、von ＋ 3格では、3格の名詞がその意志で動作をしているのに対し、durch ＋ 4格では、この4格の名詞の意志とは関係ない自然現象が表現されているのだ。

   Z. B.【受動態】Die Mauer wird durch eine Lawine zerstört.　その壁は雪崩によって破壊される。

✎ ② チャレンジ

1) は能動態の和訳を（　）内に記入し、下線部に能動態から □ に応じた受動態に書き換え、かつ各受動態の和訳も下線部の下にある（　）内に記入してみよう。2) は独訳してみよう。2-33

1)　Sie öffnet jetzt das Fenster.（　　　　　　　　　　　　　　　）

[動作受動]
....

[和訳]
....

2)　そのドアが開いている。

[状態受動]
[独訳]
....

C 過去時制の受動態

【どのようなもの？】2-34

1) 受動態を過去時制にするときは、受動の助動詞を過去時制にすればよい。

2) 現在完了の受動態を作る場合、受動助動詞 werden が sein 支配の動詞なので、2番目に来る助動詞が sein 動詞の現在人称変化形になる。文末の過去分詞が geworden ではなく、worden になるので要注意。

   Z. B.【現在時制の受動態】　Das Buch wird von ihr geschenkt.　　　　その本は彼女によって贈られる。
   　　　【過去形の受動態】　　Das Buch wurde von ihr geschenkt.　　　その本は彼女によって贈られた。
   　　　【過去完了の受動態】　Das Buch ist von ihr geschenkt worden.　その本は彼女によって贈られた。

③ Übung 2
次の3つの動詞を使って、「werden ＋過去分詞」を現在・過去・現在完了の時制に応じて書き換えてみよう。(→巻末付録 S.118)

不定詞（現在形）	öffnen	haben	loben
動作の受動不定詞句（現在）	＋	＋	＋
動作の受動不定詞句（過去）	＋	＋	＋
動作の受動不定詞句（現在完了）	＋	＋	＋

④ チャレンジ
次の3つの和文を【 】内の時制に応じて独訳してみよう。 2-35

1) その窓は君たちによって開けられる。
   【現在】
   ....

2) その窓は君たちによって開けられた。
   【過去】
   ....

3) その窓は君たちによって開けられた。
   【現在完了】
   ....

コラム 7 » 分詞（Partizip）

1) 分詞とは、動詞の形容詞化のことで、形容詞（→ S.46）と同様に、(a) 名詞の前の付加語的用法、(b) 述語（独立）的用法の2種類の使い方がある。
   (a) 付加語的用法：Das ist ein neu veröffentlichtes Buch. これは1冊の新刊本だ。（混合変化）
   (b) 述語的用法 ：Das Buch ist neu veröffentlicht. その本は新刊である（新しく出版された）。（無変化）

2) ドイツ語の分詞は3種類：(a) 過去分詞（完了受動的）、(b) 現在分詞（現在進行的）、(c) 未来分詞（受動の可能・義務）。
   (a) 過去分詞（完了受動的）：過去分詞の形で語尾を形容詞と同じように格変化（→ S.46）させて名詞を修飾する。意味は状態受動で「～された（～されている）…」である。
   z. B. Das neu veröffentlichte Buch ist ein Meisterwerk. その新刊本は傑作だ。

   (b) 現在分詞（現在進行的）：現在分詞の作り方は、動詞の語幹＋ end である。英語の現在分詞＋（～ing）と同様に能動で「～している」ないしは「～しつつある」という意味である。
   z. B. Das sprechende Mädchen heißt Maria. その話している少女はマリアという名だ。

   (c) 未来分詞：未来分詞は現在分詞の前に zu を付けたもので、「～されるべき」（受動・義務）や「～されることのできる」（受動・可能）の意味になるが、口語でなく、文語にのみ使われる。
   z. B. Das ist ein zu lösendes Problem. これは解決可能な問題（解決すべき問題）だ。

Lektion **21** 受動態

コラム 8» **分詞構文（Partizipialkonstruktion）**

副文を短縮し、動詞を分詞にした分詞構文は、「〜したとき」、「〜した後で」、「〜しながら」、「〜なので」といった意味になるが、基本的には条件節「〜したとき」の派生だと思ってよい。訳すときは、前後の文脈に応じて「常識的に通じる」ように訳すのがポイント。ただし、主語や接続詞が省かれ文脈から主文と副文の関係を見出さなくてはならないため、多用は避けるべきである。

z. B.

過去分詞：In Osaka angekommen, besuchten wir unseren Onkel.
　　　　　　大阪に着くと、私たちは叔父を訪れた。
現在分詞：Das Buch schreibend, wartetest du auf den Mann.
　　　　　　その本を書きながら、君はその男を待っていた。

コラム 9» **冠飾句（Nominalklammer）**

目的語や状況語を伴う形容詞や分詞が付加語として名詞を修飾する場合、英語では、名詞の後ろに置く。だがドイツ語では、その修飾する語群は名詞の前に「飾りのついた冠」のように置かれるので、「冠飾句」と呼ばれる。

z. B.

過去分詞：Das von den Eltern geliebte Kind heißt Rotkäppchen.
　　　　　　その両親に愛されている子供は、赤ずきんと呼ばれている。
現在分詞：Die Tennis spielenden Männer sind professionelle Tennisspieler.
　　　　　　そのテニスをしている男たちはプロのテニス選手だ。

MEMO

Lektion 22 比較級

予習ポイント

① 形容詞 klein を原級・比較級・最高級に応じて変化させる (S.82 Übung 1)
② 規則変化形容詞の比較級・最高級の変化表を埋める (S.83 Übung 2)
③ 不規則変化形容詞の比較級・最高級の変化表を埋める (S.83 Übung 3)
④ 原級を用いて和文独訳をする (S.83 チャレンジ)
⑤ 比較級を用いて和文独訳をする (S.84 チャレンジ)
⑥ 最高級を用いて和文独訳をする (S.84, 85 チャレンジ)
⑦ 副詞 gern の比較級・最高級の変化表を埋めて和文独訳をする (S.85 Übung 4 チャレンジ)
⑧ 比較級の熟語を用いて和文独訳をする (S.85 チャレンジ)

A 原級・比較級・最高級 (Positiv, Komparativ, Superlativ)

【どのようなもの？】 2-36

1) ドイツ語の比較級・最高級は、形容詞（→ S.46）の１種なので、付加語的用法と述語的用法の２種類ある。
2) 比較級・最高級の付加語的用法の場合、形容詞と同じく、語尾が強変化・弱変化・混合変化（→ S.46-48）する。

z. B.
(a) 付加語的用法：Mein älterer Bruder ist Deutschlehrer.　私の兄（年上の兄弟）はドイツ語教師だ。(混合変化)
(b) 述語的用法：Mein Freund ist älter als ich.　私の友人は私より年上だ。(無変化)

3) 英語の比較級は「原級（形容詞の原形）＋ er」、最高級は「原級＋ est」だが、ドイツ語では、比較級は「原級＋ er」だが、最高級は「原級＋ st」となる。

Übung 1　形容詞 klein を原級・比較級・最高級に応じて変化させよう。(→巻末付録 S.119)

原級	比較級	最高級
klein		

A-1 規則変化

【どのようなもの？】

1) １音節（発音される母音の数〈alt は a だけが母音なので１音節〉）の短い形容詞は、a, o, u → ä, ö, ü と変音するものが多い。ただし、２音節以上の長い形容詞では変音は起こらない。
2) 原級が t, d, z などで終わる形容詞は、最高級には口調上の e を入れて、-est とする（この場合は英語と同じ作り方）。

✏️ ② Übung 2　次の規則変化形容詞の比較級・最高級の変化表を埋めてみよう。(→巻末付録 S.119)

原級	比較級	最高級
alt		
jung		
kalt		
stark		
warm		

A-2 不規則変化

【どのようなもの？】

英語の *good – better – best* のように、ドイツ語にも *gut – besser – best* と不規則に変化する形容詞がある。

✏️ ③ Übung 3　次の不規則変化形容詞の比較級・最高級の変化表を埋めてみよう。(→巻末付録 S.119)

原級	比較級	最高級
gut		
groß		
hoch		
nah		
viel		

B 原級の用法 (so ＋原級＋ wie)

【どのようなもの？】 2-37

1) 原級のあるドイツ語の文では、「so ＋原級＋ wie〜」(「〜と同様に…だ」) という熟語になる。
　z. B. Er ist so groß wie du.　彼は君と同じ背の高さだ。

2) この場合、次のように wie は接続詞として2つの文をつないでいる。
　z. B. Er ist so groß, wie du es bist.

✏️ ④ チャレンジ　原級を用いて和文独訳をしてみよう。 2-38

1) 彼らは私と同年齢だ。

....

2) 君の車は私の車ほど古くない。

....

C 比較級の用法（比較級＋ als）

> 【どのようなもの？】 2-39
> 1) 比較級を述語的用法で表現するには、「比較級＋ als～」（「～より…だ」）という熟語を用いる。
>   z.B. Er ist größer als du.　彼は君より背が高い。（無変化）
> 2) この場合も、次のように als は接続詞として 2 つの文をつないでいる。
>   z.B. Er ist größer(,) als du es bist.
> 3) 名詞の前に比較級が使われる付加語的用法では、形容詞と同様の変化をする。ここでは alt の比較級 älter を実例に見てみよう。例のように Mann が男性 1 格単数で定冠詞 der が付き、älter が弱変化するので、älter の語尾に e を付け加える必要がある。
>   z.B. der ältere Mann　その年上の男性（男性 1 格の弱変化）

5 チャレンジ　比較級を用いて和文独訳をしてみよう。 2-40

1) 君たちは私より年上だ。

2) 富士山 (der Fuji) より大きな山 (Berg m.) は日本にありますか。（～がある＝ es gibt ＋ 4 格）

D 最高級の用法

> 【どのようなもの？】 2-41
> 1) 最高級の用法には次の 2 種類ある。
>   (a) 付加語的用法：定冠詞＋～ste（← 1 格の場合）
>   z.B. Der Berg ist der höchste in Japan.　その山は日本では 1 番高い山です。【弱変化の男性 1 格】
>   (b) 述語的用法：am ～sten
>   z.B. Der Berg ist in Japan am höchsten.　その山は日本で 1 番高いです。
> 2) (a) の付加語的用法では、der höchste Berg の Berg が省略されており、定冠詞には der という男性定冠詞を使い、最高級 höchst に形容詞弱変化の男性 1 格の語尾 -e が付いている。
> 3) (b) の述語的用法では、am (an ＋ dem の融合形) と「最高級＋形容詞の弱変化 3 格語尾 en」の熟語になる。

6 チャレンジ　最高級を用いて各用法に応じた和文独訳をしてみよう。 2-42

(a) **付加語的用法**：定冠詞＋～ste
1) その女優 (Schauspielerin f.) はその映画 (Film m.) の中では最も若い。

(b) 述語的用法：am ～ sten
2) その男優（Schauspieler m.）はその映画の中では最も若い。

E 副詞の比較級・最高級の用法

【どのようなもの？】2-43
1) ドイツ語の比較級を副詞的に使う場合、als が接続詞であるため、次のように als 以下の比較の対象を文末に持ってくる。
   Z. B. Er kann besser Fahrrad fahren als ich.　彼は私よりも上手に自転車に乗ることができる。
   ※つまり、文と文が als を通じて次のようにつながっているのだ。
   Z. B. Er kann besser Fahrrad fahren(,) als ich es kann.
2) ドイツ語では、副詞としてしか用いられないものが少数ある。例えば gern「好んで、喜んで」である。
3) 副詞の最高級は動詞を修飾する am ～ sten という形だけであり、付加語的用法はない。

7 Übung 4　次の副詞 gern の比較級・最高級の変化表を埋めてみよう。（→巻末付録 S.119）

原級	比較級	最高級
gern		

7 チャレンジ　副詞 gern の比較級・最高級を用いて次の和文を独訳してみよう。2-44

1) 私はパン（Brot n.）よりライス（Reis m.）の方がいいです。【動詞 nehmen を使って／名詞は無冠詞で】

2) クラウス（Klaus）はリンゴジュース（Apfelsaft m.）が一番好きだ。【動詞 mögen を使って／名詞は無冠詞で】

F よく使われる比較級の言い回し

8 チャレンジ　次の比較級の熟語を用いて次の和文を独訳してみよう。2-45

【immer ＋比較級「ますます～」】
1) その女優はますます人気が上がる。（人気のある＝ beliebt）

【je ＋比較級＋主語＋定動詞，desto（あるいは umso）＋比較級＋定動詞＋主語「～すればするほど…」】
2) 彼女はたくさん食べれば食べるほど、ますます太る。（太った＝ dick）

Lektion 23 関係代名詞

予習ポイント

① 定関係代名詞の格変化表を埋める (S.86 Übung 1)
② 定関係代名詞を用いて作文・和訳・和文独訳をする (S.87 チャレンジ)
③ 不定関係代名詞の格変化表を埋める (S.88 Übung 2)
④ 不定関係代名詞を用いて和文独訳をする (S.88 チャレンジ)
⑤ 先行詞のある不定関係代名詞を用いて和文独訳をする (S.88 チャレンジ)
⑥ 関係副詞を用いて和文独訳をする (S.89 チャレンジ)
⑦ 指示代名詞の格変化表を埋める (S.89 Übung 3)
⑧ 指示代名詞を用いて和文を独訳する (S.90 チャレンジ)

A 関係代名詞 (Relativpronomen)

A-1 定関係代名詞 (Bestimmtes Relativpronomen)

【どのようなもの？】2-46

1) 関係代名詞の「関係」とは、主文と副文（→ S.68）の関係のことである。
2) 2つの文中にある共通する名詞を関係代名詞に変えて、前半の文と後半の文をつなぐ。
3) 後半の文は副文（＝句）となり、前半の文にある結び目の名詞（先行詞）の背景を説明する「関係文」となる。

Z.B. Da steht mein Freund . Mein Freund will morgen ins Kino gehen.

→ Da steht mein Freund , der morgen ins Kino gehen will .　そこに明日映画に行きたいと思っている私の友人がいる。
　　　　　　先行詞　　定関係代名詞
　　　　　　　　　　　　　　関係文（副文なので定動詞 will が文末）

4) この場合注意すべきは、定関係代名詞は先行詞と性・数だけが確実に共通しており、格はその関係文の役割（主語あるいは目的語等）によって変わってくる点だ。

① Übung 1　次の定関係代名詞の格変化表を埋めてみよう。（→巻末付録 S.120）

【定関係代名詞の格変化表】

	m.	f.	n.	Pl.
1 格				
2 格				
3 格				
4 格				

ヒント
定関係代名詞の格変化が定冠詞と異なっているのは、男性・中性・女性・複数の2格、また複数の3格だけであり、あとは定冠詞の格変化と同じである。男性と中性の2格は、das の s の清音を残すために、s を二重子音 ss にして、dessen とする。

Lektion 23 関係代名詞

②チャレンジ 次の2つの文を定関係代名詞でつなげて1つの文にしてから和訳し、和文は独訳しよう。 2-47

1)（1格）Das ist der Mann. Der Mann kann am besten Schach spielen.
独文 ....
和訳 ....

2)（2格）Das ist der Mann. Der Vater des Mannes ist Künstler.
独文 ....
和訳 ....

3)（3格）Das ist der Mann. Dem Mann haben wir gestern zwölf Bücher gegeben.
独文 ....
和訳 ....

4)（4格）Das ist der Mann. Den Mann will die Frau heiraten.
独文 ....
和訳 ....

5) 君がおととい（vorgestern）話していた男性は誰だい？（(3格)と話す = mit j³ sprechen）【現在完了形で】
....

A-2 不定関係代名詞 (Unbestimmtes Relativpronomen)

【どのようなもの？】 2-48

1)「およそ～の人」、「およそ～の物」という素性が特定されていない人や物の背景や性格を表わす場合、不定関係代名詞 wer（人）、was（事物）を用いる。

2) ある特定の先行詞以外は先行詞を取らないので、不定関係代名詞のある関係文の位置が主文の前に来ることもしばしばある。

z. B. Da steht ein Mann . Ein Mann will morgen ins Kino gehen.

→ Da steht （無くなる）, wer morgen ins Kino gehen will . そこに明日映画に行きたいと思っている人がいる。
不定関係代名詞
関係文 （副文なので定動詞 will が文末）

3) また不定関係代名詞 wer のある関係文を前半に置き、主文を後半に置くことも可能である。その際、主文の定動詞 steht の位置が関係文の直後に来て、定動詞第2位の法則を実現する（→ S.8）。

→ Wer morgen ins Kino gehen will , steht da. 明日映画に行きたいと思っている人がそこにいる。
不定関係代名詞   定動詞第2位
関係文

siebenundachtzig | 87

③ Übung 2　次の不定関係代名詞の格変化表を埋めてみよう。（→巻末付録 S.120）

【不定関係代名詞の格変化表】

	wer	was
1格		
2格		
3格		―
4格		

④ チャレンジ　不定関係代名詞を用いて和文独訳をしよう。2-49

1) 働かざる者食うべからず。

2) 君たちが昨日言（sagen）ったことは彼女には分から（verstehen）なかった。【現在完了形で】

A-3 先行詞のある不定関係代名詞（Relativsatz mit einem unbestimmten Antezedens）

【どのようなもの？】2-50

1) was は普通名詞を先行詞とすることはできないが、das「それ」、alles「すべてのこと」、nichts「何も〜ない」、etwas「何か」や中性名詞化された形容詞などを先行詞とすることはできる。

　z.B. Alles, was meine Frau kocht, schmeckt sehr gut.　私の妻が料理する全てのものはとてもおいしい。

2) was が前置詞に支配される場合には、wo(r) + 前置詞（→ S.32）という形になる。

　z.B. Es gab nichts, worauf er sich freuen kann.　彼には楽しみにできるものは何も無かった。

⑤ チャレンジ　先行詞を定関係代名詞と適切に組み合わせて次の和文を独訳しよう。2-51

1) 私たちが持っているものはすべて彼らのものだ。（〔3格〕のものである＝ 3格＋ gehören）

2) 私たちが興味あることはたくさん（viel）ある（es gibt ＋ 4格）。

B 関係副詞 (Relativadverb)

【どのようなもの？】 2-52

1) ドイツ語では疑問副詞 wo が使われ、場所だけでなく時も示す関係副詞として機能する。
2) 作り方は、定関係代名詞（→ S.86）とほぼ同じで、2つの文にある共通する名詞のうち、前半の副詞句を先行詞とし、後半の副詞句（ないしは前置詞句（→ S.32）を wo に変えて、後半文を関係文（副文）にする。その際、関係文はできるだけ先行詞の直後に置き、関係文の定動詞を文末に置く。

z.B. In diesem Monat will ich nach Deutschland reisen. In diesem Monat blühen die Apfelbäume.

→ In diesem Monat , wo die Apfelbäume blühen , will ich nach Deutschland reisen.

先行詞　関係副詞　関係文（副文なので定動詞 hat が文末）

リンゴの花が咲く今月に、私はドイツへ旅行するつもりだ。

6 チャレンジ　関係副詞を用いて次の和文を独訳しよう。 2-53

1) これは私が学ん (studieren) だ大学 (Universität f.) です。【現在完了形で】

2) 彼が父親 (Vater m.) になった年に、私の父が死ん (sterben) だ。【過去形で】

※口語的表現で使う

C 指示代名詞 (Demonstrativpronomen)

【どのようなもの？】 2-54

1) 指示代名詞は、定冠詞(類)の独立用法のことであり、名詞とくっつかない。

z.B. Martha und Maria sind Deutsche. Diese mögt ihr, aber jene (mögt ihr) nicht.

マルタとマリアはドイツ人だ。後者を君たちは好きだが、前者は好きではない。

2) 指示代名詞の格変化は定関係代名詞（→ S.86）と全く同じである。
3) der 以外には dieser, jener, solcher などもある。

7 Übung 3　次の指示代名詞の格変化表を埋めてみよう。（→巻末付録 S.120）

【指示代名詞 der の格変化】

	m.	f.	n.	Pl.
1格				
2格				
3格				
4格				

C-1 指示代名詞の用法

⑧ チャレンジ 次の (a)・(b)・(c)・(d) の説明を参考にしながら指示代名詞を用いて和文を独訳しよう。 2-55

(a) **紹介の das**

> →人や物を紹介する時に使う。文脈により「これ」や「それ」と訳す。

1) こちらはベッカーさん (Herr Becker) です。

(b) **人称代名詞の代用**

> →「その男性なら」と強調したい場合、ihn という人称代名詞の代わりに指示代名詞 den を用いる。指示力においては、人称代名詞よりも指示代名詞のほうが上回るからだ。

2) 君はその人々 (Leute *Pl.*) を知っているかい？— いや、僕はそいつらを知らないんだ。

(c) **近接指示**

> →同じ人称代名詞で表される名詞が続く際、指示代名詞は近い方を示す。

3) 夕方 (am Abend)、ハンス (Hans) が息子 (Sohn *m.*) たちと息子たちの犬 (Hund *m.*) と来る。

(d) **同一語の反復を避ける**

> →指示代名詞 die は die Suppe を指す。同じ名詞が繰り返される無駄を避けているのである。

4) 私の母のスープ (Suppe *f.*) は、そのレストラン (Restaurant *n.*) のものよりおいしい (gut schmecken)。

MEMO

Lektion 24 接続法

予習ポイント

① 過去人称変化語尾、接続法Ⅰ式・Ⅱ式の語尾の変化表を埋めて比較する (S.92 Übung 1)
② 接続法Ⅰ式の人称変化表を埋める (S.93 Übung 2)
③ 動詞 lieben の接続法Ⅱ式の人称変化表を埋める (S.93 Übung 3)
④ 不規則変化動詞の接続法Ⅱ式の人称変化表を埋める (S.94 Übung 4)
⑤ 接続法現在時制と過去時制をそれぞれ1人称変化語尾で作る (S.94 Übung 5)
⑥ 直接話法と間接話法を独訳する (S.95 チャレンジ)
⑦ 代用の接続法Ⅱ式：直接話法と間接話法を独訳する (S.96 チャレンジ)
⑧ 疑問文の直接話法と間接話法を独訳する (S.97 チャレンジ)
⑨ 要求話法の独文を和訳する (S.97 チャレンジ)
⑩ 接続法Ⅱ式：独文和訳と和文独訳をする (S.98 チャレンジ)

A 接続法 (Konjunktiv)

【どのようなもの？】 2-56

1) ドイツ語の動詞の用法は、(a) 事実を叙述する直説法、(b) 命令する命令法、そして、(c) 実現願望などを表現する接続法の3つである。

2) 接続法には、Ⅰ式・Ⅱ式があり、共通して話者の観念や心情（まだ事実として実証的に認識されていないこと）を表わすためドイツ語の最も面白い部分といえる。

Z.B. (a)【接続法Ⅰ式】Sie sagte, dass sie Lehrerin sei.　　彼女は言った、自分は教師である、と（いうような事を）。

(b)【接続法Ⅱ式】Ich würde es nicht machen.　　私ならそれをしないでしょう。

3) 接続法Ⅰ式・Ⅱ式を分類すると、以下の通りになる。

	接続法Ⅰ式	接続法Ⅱ式
作り方	(sein 以外の) 動詞の不定詞の語幹を基に作る	動詞の過去基本形を基に作る
用法	間接話法、要求話法、推量	非現実話法、推量

B 接続法Ⅰ式・Ⅱ式の語尾変化 (Konjugation im Konjunktiv I und II)

【どのようなもの？】

接続法Ⅰ式・Ⅱ式の語尾変化は全く同じ「e＋過去人称変化語尾」と規則的であり、異なるのは語幹だけである。接続法Ⅰ式の語幹は動詞の不定詞の語幹、Ⅱ式の語幹は原則的に過去基本形である。

① Übung 1　次の1) 過去人称変化語尾、2) 接続法Ⅰ式、3) 接続法Ⅱ式の語尾変化表を埋めて比較してみよう。（→巻末付録 S.120）

1)【過去人称変化語尾】(→ S.61)

ich	過去基本形＋	wir	過去基本形＋
du	過去基本形＋	ihr	過去基本形＋
er / sie / es	過去基本形＋	sie / Sie	過去基本形＋

2)【接続法Ⅰ式の現在人称変化語尾】(〔sein 以外の〕動詞の不定詞の語幹＋人称語尾)

ich	不定詞の語幹＋	wir	不定詞の語幹＋
du	不定詞の語幹＋	ihr	不定詞の語幹＋
er / sie / es	不定詞の語幹＋	sie / Sie	不定詞の語幹＋

3)【接続法Ⅱ式の現在人称変化語尾】(〔不規則変化以外の〕過去基本形＋人称語尾)

ich	過去基本形＋	wir	過去基本形＋
du	過去基本形＋	ihr	過去基本形＋
er / sie / es	過去基本形＋	sie / Sie	過去基本形＋

C 接続法Ⅰ式の人称変化 (Konjugation im Konjunktiv Ⅰ)

Übung 2 次の接続法Ⅰ式の人称変化表を埋めてみよう。(→巻末付録 S.121)

不定詞 語　幹	kommen	haben	sein	können
ich　　(-e)				
du　　(-est)				
er / sie / es (-e)				
wir　　(-en)				
ihr　　(-et)				
sie / Sie (-en)				

D 接続法Ⅱ式の人称変化 (Konjugation im Konjunktiv Ⅱ)

【どのようなもの？】
1) 接続法Ⅱ式の現在人称変化語尾も、**B**で述べた通り接続法第Ⅰ式と全く同じものである。
2) 形の上で<u>直説法過去基本形に見えるが、時制は現在</u>である。(英語の *would like to* のように *would* は形の上では *will* の過去形だが、時制は「現在」であるように)
3) sein → war といった<u>不規則変化する過去基本形では、a, o, u といった母音を変音（ウムラウト）させる</u>。

D-1 規則変化動詞の接続法Ⅱ式

Übung 3 動詞 lieben の接続法Ⅱ式の人称変化表を埋めてみよう。(→巻末付録 S.121)

【lieben の接続法第Ⅱ式の現在人称変化】

ich	liebte~~e~~ →	wir	liebte~~e~~n →
du	liebte~~e~~st →	ihr	liebte~~e~~t →
er / sie / es	liebte~~e~~ →	sie / Sie	liebte~~e~~n →

ヒント
規則動詞では、このように過去基本形の語尾 -te の e と、人称語尾の -e, -est, -e, -en, -et, -en にすべて付いている e とがダブってしまうので、語尾の e を省略する。すなわち**規則変化動詞では、「直説法過去人称変化＝接続法第Ⅱ式現在人称変化」**という等式が成り立つ。また、話法の助動詞の中で規則的に過去基本形を作る sollen, wollen（過去基本形 sollte, wollte）もこれに準じる。

D-2 不規則変化動詞の接続法 II 式

【どのようなもの？】
不規則変化動詞では haben → hatte → hätte, sein → war → wäre のように、過去基本形に a, o, u がある場合はウムラウト化し、gehen → ging のように、過去基本形に a, o, u のない場合は、そのまま人称変化させる。

④ Übung 4　次の不規則変化動詞の接続法 II 式の人称変化表を埋めてみよう。（→巻末付録 S.121）

不定詞	haben	sein	werden	gehen
過去基本形	hatte	war	wurde	ging
II 式基本形				
ich　　(-e)				
du　　(-est)				
er / sie / es (-e)				
wir　　(-en)				
ihr　　(-et)				
sie　　(-en)				

E 接続法の過去時制

【どのようなもの？】 2-57
直説法の過去時制と異なり、接続法は話者の観念や心情の叙述であるため、過去時制において完了形と過去形の区別はなく、もっぱら現在完了の形（→ S.64）で過去時制を表現する。

Z.B.【接続法 I 式過去】Sie sagte, dass sie krank gewesen sei.　彼女は言った、病気だったと。

接続法 I 式過去	sein あるいは haben の接続法 I 式の現在人称変化形 ＋ 過去分詞
接続法 II 式過去	sein あるいは haben の接続法 II 式の現在人称変化形 ＋ 過去分詞

⑤ Übung 5　werden と haben を用いて接続法現在時制と過去時制をそれぞれ 1 人称変化語尾（例：sei + geworden）で作ってみよう。（→巻末付録 S.122）

	接続法 I 式現在	接続法 I 式過去	接続法 II 式現在	接続法 II 式過去
werden				
haben				

コラム 10 » 接続法 II 式で多用される未来形の助動詞 werden

接続法は観念の世界の叙述であるため、本来は現在も未来もないが、**接続法現在の一つの表現の仕方として、助動詞 werden が用いられる**。接続法現在と意味に違いはないが、**II 式を用いた会話表現では多用される**。
Z.B. Ich würde nicht zu ihm gehen.　私なら彼のところに行かないでしょう。

F 接続法の用法
F-1 接続法第Ⅰ式の用法
【間接話法】

【どのようなもの？】 2-58

1) ドイツ語では人の言葉を引用する際、3つの引用の仕方（話法）がある。
   (a)【直接話法】 Mein Freund sagte: „Grüner Tee ist lecker, oder?"
       私の友人は言った。「緑茶はおいしいよね」と。（事実）
   (b)【体験話法】 Mein Freund sagte, grüner Tee ist lecker.
       私の友人は、緑茶はおいしいと言った。（事実）
   (c)【間接話法】 Mein Freund sagte, grüner Tee sei lecker.
       私の友人は言った、緑茶はおいしい、と（いうような事を）*。（伝聞的）
       *「いうような事を」は飽くまでニュアンスであるため、書く必要はない。

2)「間接話法」に接続法Ⅰ式を使うとき、事実の内容は保証しない伝聞であるという引用者のニュアンスが伝わってくる。

3) 直接話法に関して注意すべき点：
   (a) 記号の使い方：ドイツ語の引用符（„ ... "）は英語の引用符（" ... "）と違うので要注意。
   (b) 間接話法にするには、コンマ（,）を付けてそのまま接続してもよいし、従属の接続詞 dass を用いて副文を作ってもよい。

4) 主文と接続法の引用文の間に「時制の一致」はない。つまり現実に話者が語る時制と語っている内容の時制が違っていても問題ないのだ。

6 チャレンジ 次の直接話法と間接話法を時制に気を付けて独訳しよう。 2-59

1) 直接話法：「私は教師だ」と彼は言った。

   ....

2) 間接話法：
   (a) 彼は、教師だと言った。 ....
   (b)（dass を使って） ....

3) 直接話法：彼は「私は学生だった」と言った。

   ....

4) 間接話法：
   (a) 彼は、自分は学生だったと言った。 ....
   (b)（dass を使って）

【代用の接続法 II 式】

【どのようなもの？】 2-60

接続法 I 式が直説法現在形と同形の場合には、II 式を代わりに用いる。なぜなら接続法第 I 式が直説法現在形と同形のままでは、間接話法なのか直説法による平叙文なのか区別できなくなってしまうからだ。

Z. B. その人々は言った、映画を観に行く、と。

【接続法 I 式】Die Leute sagten, sie gehen ins Kino. （←直説法現在 3 人称複数 gehen と同形）

【接続法 II 式で代用】Die Leute sagten, sie gingen ins Kino.

✎ ⑦ チャレンジ　次の直接話法と間接話法を独訳しよう。 2-61

1) 直接話法：「ビール（Bier *s.*）を飲まなくちゃ」と学生たちは言った。【助動詞 müssen を用いて】

　　　　　　　　　　　　　　　　　　　　　　　　　　　　　　　　　　

2) 間接話法：学生たちは、自分たちはビールを飲まないといけないと言った。【代用の接続法 II 式で】

　　　　　　　　　　　　　　　　　　　　　　　　　　　　　　　　　　

3) 直接話法：「私たちは映画を観に行く」と彼女たちは言った。

　　　　　　　　　　　　　　　　　　　　　　　　　　　　　　　　　　

4) 間接話法：彼女たちは、自分たちは映画を観に行くと言った。【代用の接続法 II 式で】

　　　　　　　　　　　　　　　　　　　　　　　　　　　　　　　　　　

ヒント
4) の文では、gehen の接続法 I 式は wir gehen となるが、これだと直説法現在（wir gehen）と全く同形となる。それで gingen という II 式を使うわけである。このように、ich, wir, sie (Sie) のところで、直説法と接続法 I 式が同形になる可能性があるので、その場合には II 式を使う。

【疑問文における接続法 I 式】 2-62

1) 疑問詞のない決定疑問文を間接話法にする場合、ob を接続詞とした副文（→ S.70）にする。

　【決定疑問文】「これは真実かな？」と彼女は彼に尋ねた。

　　直接話法：Sie fragte ihn: „Ist es wahr?"

　　間接話法：Sie fragte ihn, ob es wahr sei.

2) 疑問詞のある疑問文では、疑問詞を接続詞とした副文にする。この場合、主語の人称が副文においてしばしば変化するので要注意。

　【間接疑問文】「君は今日何を飲むの？」と彼は彼女に尋ねた。

　　直接話法：Er fragte sie: „Was trinkst du heute?"

　　間接話法：Er fragte sie, was sie heute trinke.

Lektion 24 接続法

8 チャレンジ　次の直接話法と間接話法を独訳しよう。 2-63

1)「僕の言ったこと（mich）が分かったかい」と彼は彼女に尋ねた。【現在完了形で】
(a) 直接話法

(b) 間接話法

2)「何を食べたの」と彼女は彼に尋ねた。【現在完了形で】
(a) 直接話法

(b) 間接話法

【要求話法】

【どのようなもの？】 2-64
1) 目上の存在に対する要求であり、2人称 Sie に対する命令形はここから来ている。
2) 料理のレシピや薬の処方、また聖書にも多用される。

Z. B.　Man nehme zwei Esslöffel Zucker.　大さじ2杯の砂糖を入れて下さい。

9 チャレンジ　次の独文を和訳してみよう。 2-65

1) Gott sei Dank!

2) Sei es morgen oder übermorgen, wir werden dich auf jeden Fall besuchen.
【熟語：sei es A oder B / sei es dass A, sei es dass B「Aであれ、Bであれ」】

E-2 接続法第Ⅱ式の用法

【非現実話法】

【どのようなもの？】 2-66

1) 現実ではない非現実の前提や結論には、接続法Ⅱ式を用いる。

   z.B. Wenn ich Geld hätte, ginge ich nach Deutschland.　もし私にお金があれば、ドイツに行くのだが。

2) Ⅱ式を使っているのは、実際には時間がないので、彼のところへ行けない、という現実があるからである。だから、前提部の haben、それに結論部の gehen がどちらも接続法Ⅱ式になっているのである。また、結論部に接続法Ⅱ式の未来の助動詞を使うこともある。意味は 1) の文と同じである。

   z.B. Wenn ich Geld hätte, würde ich nach Deutschland gehen.
   　　　　もし私にお金があれば、ドイツに行くのだが。

3) wenn を省略し、定動詞を文頭に持ってくることで仮定を表わすこともできる。その際、後半の結論部の文頭に so や dann 置く。

   z.B. Hätte ich Geld, so ginge ich nach Deutschland.

4) 過去に関する非現実的な仮定と結論は、Ⅱ式の過去時制（→ S.94）で表現する。

   z.B. Wenn ich Geld gehabt hätte, wäre ich nach Deutschland gegangen.

✎ ⑩ チャレンジ　次の和文を接続法Ⅱ式のあるドイツ語に訳し、接続法Ⅱ式のある独文は和訳してみよう。 2-67

1) もし私たちに時間があれば、彼らのところに行くのだが。
(a)【wenn から始めて】　
(b)【wenn を省略して】　

2) もし私たちに時間があったら、（私たちは）彼らのところに行ったのだが。

【auch wenn 〜（wenn ... auch 〜）＋Ⅱ式で非現実の許容文「たとえ〜でも」】

3) たとえ私たちに時間があっても、（私たちは）彼らのところに行かない。

【als ob 文（=as if）】

4) Er sieht (so) aus, als ob er krank wäre.

MEMO

Gut geschafft!

補遺集

補遺1【非人称代名詞 es の時間表現】(→ S.59)

【どのようなもの？】 2-68

1) 時刻表現は、公共の場での表現（24時間制）と日常会話での表現（12時間制）で区別される。
2) 基本的に、「〜時…分」は、「数字＋ Uhr ＋数字」が最も簡単。

Z.B. 「15時20分」 = fünfzehn Uhr zwanzig

3) 時刻についての問答文は以下のようになる。

Z.B. Wie spät (Wieviel Uhr) ist es jetzt? - Es ist zwölf Uhr.
　　　今何時ですか。　　　　　　　　　　12時です。（「何時」= wie spät ／wieviel Uhr）

公共の場での表現（24時間制）	時間	日常会話での表現（12時間制）
vierzehn Uhr	14時	zwei Uhr
vierzehn Uhr fünf	14時5分	fünf nach zwei
vierzehn Uhr fünfzehn	14時15分	Viertel nach zwei / viertel drei
vierzehn Uhr dreißig	14時30分	halb drei
vierzehn Uhr fünfundvierzig	14時45分	Viertel vor drei / drei viertel drei
vierzehn Uhr fünfundfünfzig	14時55分	fünf vor drei

補遺2【話法の助動詞の3基本形】(→ S.60)

【どのようなもの？】 2-69

話法の助動詞の過去分詞には2種類あり、(a)「ge が付く場合」と（b)「原形不定詞と同形の場合」に分けられ、次のように文末に位置する動詞の数に拠っている。

(a)【ge が付く場合】文末の本動詞が1つだけの時。
Z.B. Ich habe noch eine Tasse Kaffee gewollt.　私はもう1杯コーヒーを飲むつもりだった。

(b)【原形不定詞と同形の場合】文末に来る本動詞が2つ以上になる時。
Z.B. Ich habe noch eine Tasse Kaffee trinken wollen.　私はもう1杯コーヒーを飲むつもりだった。

【話法の助動詞の3基本形】

不定詞	過去基本形	過去分詞①（ge- が付く）	過去分詞②（不定詞と同形）
können	konnte	gekonnt	können
müssen	musste	gemusst	müssen
mögen	mochte	gemocht	mögen
dürfen	durfte	gedurft	dürfen
wollen	wollte	gewollt	wollen
sollen	sollte	gesollt	sollen

補遺3【過去完了・未来完了】(→ S.64)

A 過去完了形

【どのようなもの？】 2-70

1) 過去完了形は過去形よりも過去の出来事を表わすのが特徴である。そのため、従属接続詞 nachdem「〜の後で」や bevor「〜の前に」を使った文によく用いられる。

Z. B. Nachdem du das Buch gelesen hattest, gingst du spazieren.
　　　君は本を読んだ後、散歩に行った。(散歩に行く= spazieren gehen)

2) 完了不定詞の作り方は sein あるいは haben（完了助動詞）の過去形 + 過去分詞 となる。

【過去完了不定詞の比較表】

意味	不定詞	（過去）完了不定詞句	意味	不定詞	（過去）完了不定詞句
行く	gehen	war + gegangen	なる	werden	war + geworden
学ぶ	lernen	hatte + gelernt	読む	lesen	hatte + gelesen

B 未来完了形

【どのようなもの？】 2-71

1) 未来完了形は未来形よりも手前の時期（←過去とは言わない）の出来事を表わすのが特徴である。

2) 未来完了形の werden が、haben, sein に対する未来時制の助動詞なので、平叙文では第2位に置かれる。

3) 訳文としては、「〜してしまっているだろう」というニュアンスの日本語。

Z. B. Morgen um 12 Uhr wird er die Hausarbeit geschrieben haben.
　　　明日の12時には、彼はそのレポートを書き終わっているだろう。(レポート= Hausarbeit／書く= schreiben)

4) 作り方： werden + 過去分詞 + sein あるいは haben（完了助動詞）の不定詞

【未来完了不定詞の比較表】

意味	不定詞	（未来）完了不定詞句	意味	不定詞	（未来）完了不定詞句
行く	gehen	werden + gegangen sein	なる	werden	werden + geworden sein
学ぶ	lernen	werden + gelernt haben	読む	lesen	werden + gelesen haben

補遺4【自動詞のある受動態】(→ S.78)

【どのようなもの？】 2-72

1) 能動態の自動詞は4格を直接目的語として取らないので、受動態にする場合、次のように (a)「非人称代名詞 es が主語の場合」か、(b)「主語の非人称代名詞 es が省略される場合」のいずれかになる。

Z. B. 【能動態】Man hilft dir mit Sicherheit.　　君は確実に助けられる。

a)「非人称代名詞 es が主語の場合」：

　【受動態】Es wird dir mit Sicherheit geholfen.　君は確実に助けられる。

b)「主語の非人称代名詞 es が省略される場合」：

　【受動態】Dir wird mit Sicherheit geholfen.　　君は確実に助けられる。
　　あるいは；Mit Sicherheit wird dir geholfen.

2) ポイントは、能動態にあった3格目的語が、自動詞のある受動態でも、そのまま3格目的語として残っている点だ。その際、能動態の主語 man は受動態では消す。

3) (b) の例文のように、主語である非人称代名詞 es は、文頭に来ない場合に省略される。

数詞 2-73

基数

0	null	10	zehn	20	**zwan**zig
1	eins	11	**elf**	21	**ein**undzwanzig
2	zwei	12	**zwölf**	22	zweiundzwanzig
3	drei	13	dreizehn	30	drei**ß**ig
4	vier	14	vierzehn	40	vierzig
5	fünf	15	fünfzehn	50	fünfzig
6	sechs	16	**sech**zehn	60	**sech**zig
7	sieben	17	**sieb**zehn	70	**sieb**zig
8	acht	18	achtzehn	80	achtzig
9	neun	19	neunzehn	90	neunzig

　　　　　100　　　[ein]hundert
　　　　1 000　　　[ein]tausend
　　　10 000　　　zehntausend
　　 100 000　　　hunderttausend
　1 000 000　　　eine Million
　1989 (数)　　　　[ein]tausendneunhundertneunundachtzig
　　　 (年号)　　　neunzehnhundertneunundachtzig
　2019 (数・年号)　zweitausendneunzehn

文法索引

【あ行】

アクセント ……………………………………… 2,5
アルファベット …………………………………… 3
1格（主格）……………………………………… 12
ウムラウト ………………………………………… 4
エス・ツェット …………………………………… 3

【か行】

外来語の子音 ……………………………………… 5
格（名詞と冠詞）………………………………… 12
格支配（前置詞）………………………………… 32
過去完了・未来完了 …………………………… 101
過去基本形（動詞の3基本形）………………… 60
過去人称変化 …………………………………… 62
過去分詞（動詞の3基本形）…………………… 60
過去分詞（分詞）………………………………… 80
関係代名詞 ……………………………………… 86
関係副詞 ………………………………………… 89
冠詞 ………………………………………… 12,20
冠飾句 …………………………………………… 81
間接疑問文（接続法）…………………………… 96
間接目的語 ……………………………………… 12
間接話法（接続法）……………………………… 95
幹母音（不規則変化動詞）……………………… 24
完了助動詞 haben と sein …………………… 64
規則変化動詞 ………………………………… 6,60
規則変化動詞の3基本形 ……………………… 60
基礎動詞部分（分離動詞）……………………… 42
疑問詞 …………………………………………… 10
疑問代名詞 ……………………………………… 56
疑問代名詞と前置詞の融合形 ………………… 37
疑問副詞 ………………………………………… 57
疑問文 …………………………………………… 10
疑問文における接続法 I 式 …………………… 96
強変化（形容詞）………………………………… 46
口調上の -e ……………………………………… 7
敬称2人称 Sie …………………………………… 7
形容詞 …………………………………………… 46
形容詞の名詞化 ………………………………… 49
決定疑問文 ……………………………………… 10
原級 ……………………………………………… 82
現在完了形 ……………………………………… 64
現在形（不定詞）（動詞の3基本形）…………… 60
現在進行形 ………………………………………… 7
現在人称変化（規則変化動詞）………………… 7
現在人称変化（不規則変化動詞）……………… 24
現在分詞 ………………………………………… 80
肯定文（疑問文の受け答え）…………………… 10
語幹（動詞）……………………………………… 6
語尾（動詞）……………………………………… 6
混合変化（形容詞）……………………………… 48

【さ行】

再帰代名詞・再帰動詞 ………………………… 72
最高級（最上級）………………………………… 82
3格（与格）……………………………………… 12
3格支配の前置詞 ………………………………… 33
3格・4格支配の前置詞 ………………………… 35
子音 ………………………………………………… 4
使役の助動詞 …………………………………… 55
時刻 …………………………………………… 100
指示代名詞 ……………………………………… 89
自動詞（現在完了形）…………………………… 65
自動詞のある受動態 ………………………… 102
弱変化（形容詞）………………………………… 47
受動態 …………………………………………… 78
受動の助動詞 werden と sein ………………… 78
状態受動 ………………………………………… 78
所有冠詞（不定冠詞類）………………………… 21
従属接続詞 ……………………………………… 70
主語（主格）……………………………………… 12
述語的用法（形容詞）…………………………… 46
主文（接続詞）…………………………………… 68
親称2人称 ………………………………………… 7
推量（接続法）…………………………………… 92
数（名詞と冠詞）………………………………… 12
性別（名詞と冠詞）……………………………… 12
接続詞 …………………………………………… 68
接続法 I 式、II 式 ……………………………… 92
接続法 I 式の現在人称変化語尾 ……………… 93
接続法 II 式の現在人称変化語尾 ……………… 93
先行詞（関係代名詞）…………………………… 86
先行詞のある不定関係代名詞 ………………… 88
前置詞 …………………………………………… 32

前置詞句	32
前置詞と定冠詞の融合形	36
相互代名詞	75

【た行】

代用の接続法Ⅱ式	96
他動詞（現在完了形）	65
単数（現在人称変化）	7
男性弱変化名詞（形容詞）	51
知覚動詞	55
直説法（接続法）	92
直接話法（接続法）	95
定関係代名詞	86
定冠詞	13
定冠詞類	20
動詞	6
動詞の3基本形	60
直接目的語	12
定動詞	8
定動詞第2位の法則	8
動作受動	78

【な行】

2格（属格）	12
2格支配の前置詞	33
人称代名詞（動詞の現在人称変化）	7
人称代名詞の格変化	38
人称代名詞の2格	39
能動態	79

【は行】

発音	2
発音記号	2
比較級	82
非現実話法（接続法）	98
否定冠詞 kein（不定冠詞類）	22
否定疑問文	11
否定文（疑問文の受け答え）	10
否定文の作り方（nicht の位置）	22
非人称熟語	59
非人称代名詞 es	59
非人称代名詞 es の時間表現	100
非分離動詞	43
非分離前つづり	43

付加語的用法（形容詞）	46
不規則変化動詞	24
不規則変化動詞の3基本形	61
複合母音	4
複合名詞	15
副詞句（前置詞）	32
副詞的接続詞	69
副詞の比較級・最高級の用法	85
複数形	16
副文（接続詞）	68, 70
不定関係代名詞	87
不定冠詞	13
不定冠詞類	21
不定詞（動詞）	6
不定詞句	8
不定代名詞	58
分詞	80
分詞構文	81
分離動詞	42
分離・非分離動詞	42
分離前つづり	42
平叙文	8
並列接続詞	68
母音	2
補足疑問文	10

【ま行】

未来形	40
未来分詞	80
名詞	12
命令法	28

【や行】

要求話法（接続法）	97
4格（対格）	12
4格支配の前置詞	34

【わ行】

枠構造	40, 42, 52, 64, 70, 78
話法の助動詞	52
話法の助動詞の3基本形	100

【A】

| a → ä と変化する現在人称変化 | 24 |

aber（並列接続詞）……………………………… 68
all（定冠詞類）…………………………………… 20
als（従属接続詞）………………………………… 70
als（比較級）……………………………………… 84
am … sten（最高級）…………………………… 84

[D]

da(r) + 前置詞…………………………………… 36
der（定冠詞）……………………………………… 13
der（関係代名詞）………………………………… 86
der（指示代名詞）………………………………… 89
dieser（定冠詞類）………………………………… 20
doch（否定疑問文）……………………………… 11
du（人称代名詞）………………………………… 7
dürfen（話法の助動詞）………………………… 52

[E]

e → i / e → ie と変化する現在人称変化……… 25
ein（不定冠詞）…………………………………… 13
es（非人称代名詞）……………………………… 59
etwas（不定代名詞）……………………………… 58

[H]

haben（不規則変化動詞）……………………… 61
haben 支配の動詞（現在完了形）………………… 65

[I]

ich（人称代名詞）………………………………… 7

[J]

jemand（不定代名詞）…………………………… 58
jedermann（不定代名詞）……………………… 58

[K]

können（話法の助動詞）………………………… 52

[M]

man（不定代名詞）……………………………… 58
mancher（定冠詞類）…………………………… 20
möchte（話法の助動詞）………………………… 52
mögen（話法の助動詞）………………………… 52
müssen（話法の助動詞）………………………… 52

[N]

nein（疑問文とその受け答え）………………… 10
nicht の位置………………………………………… 11
nichts（不定代名詞）…………………………… 58
niemand（不定代名詞）………………………… 58

[S]

sein（不規則変化動詞）………………………… 24
sein 支配の動詞（現在完了形）………………… 65
sein（状態受動の助動詞）……………………… 78
sein（所有冠詞）………………………………… 21
sich（再帰代名詞）……………………………… 72
Sie（人称代名詞）…………………………… 7, 38
sollen（話法の助動詞）………………………… 52
so … wie（原級の比較）………………………… 83

[U]

und（並列接続詞）……………………………… 68

[W]

wann（疑問詞）…………………………………… 10
was（疑問詞）……………………………………… 10
was（不定関係代名詞）………………………… 87
was für ein（疑問詞）…………………………… 57
welcher（定冠詞類）……………………………… 20
wenn（従属接続詞）……………………………… 70
werden（不規則変化動詞）……………………… 24
werden（動作受動の助動詞）…………………… 78
wie: wie lange, wie alt, wie viel(e)（疑問詞）…… 10, 58
wo: woher, wohin（疑問詞）…………………… 10
wo（関係副詞）…………………………………… 89
wollen（話法の助動詞）………………………… 52
wo(r) + 前置詞…………………………………… 37

[Z]

zu 不定詞(句)…………………………………… 76

Übung 解答例

Lektion 1

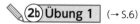 Übung 1 (→ S.6)

【動詞の語幹と語尾】

ドイツ語（不定詞）	語幹	語尾	英語
heißen	heiß	en	*be called*
kommen	komm	en	*come*
lernen	lern	en	*learn*
sein	sei	n	*be*

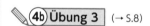 Übung 2 (→ S.7)

【規則変化動詞の現在人称変化表】

	kommen	lernen	heißen	reisen	arbeiten
ich	komme	lerne	heiße	reise	arbeite
du	kommst	lernst	heißt	reist	arbeitest
er/sie/es	kommt	lernt	heißt	reist	arbeitet
wir	kommen	lernen	heißen	reisen	arbeiten
ihr	kommt	lernt	heißt	reist	arbeitet
sie / Sie	kommen	lernen	heißen	reisen	arbeiten

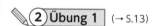 Übung 3 (→ S.8)

今日ドイツ語を学ぶ　　　heute Deutsch lernen

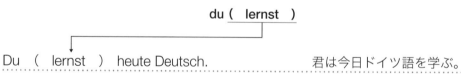

Du (lernst) heute Deutsch.　　　　君は今日ドイツ語を学ぶ。

Lektion 3

② Übung 1 (→ S.13)

1)【定冠詞だけの格変化表】

	m.（男性）	f.（女性）	n.（中性）
主格（1格）	der	die	das
属格（2格）	des	der	des
与格（3格）	dem	der	dem
対格（4格）	den	die	das

2)【定冠詞＋名詞の格変化表】

	m. (Apfel)	f. (Freundin)	n. (Haus)
主格（1格）	der Apfel	die Freundin	das Haus
属格（2格）	des Apfels	der Freundin	des Hauses
与格（3格）	dem Apfel	der Freundin	dem Haus
対格（4格）	den Apfel	die Freundin	das Haus

③ Übung 2 (→ S.13)

1)【不定冠詞だけの格変化表】

	m.（男　性）	f.（女　性）	n.（中　性）
主格（1格）	ein	eine	ein
属格（2格）	eines	einer	eines
与格（3格）	einem	einer	einem
対格（4格）	einen	eine	ein

2)【不定冠詞＋名詞の格変化表】

	m. (Apfel)	f. (Freundin)	n. (Haus)
主格（1格）	ein Apfel	eine Freundin	ein Haus
属格（2格）	eines Apfels	einer Freundin	eines Hauses
与格（3格）	einem Apfel	einer Freundin	einem Haus
対格（4格）	einen Apfel	eine Freundin	ein Haus

Lektion 4

① Übung 1 (→ S.16)

【独和辞典の見出し語 Buch の例】

(Buch)	(buːx / 中性)	【　～(e)s　/　Bücher　〔býːçɐ〕】
（見出し語）	（発音 / 性別）	【その名詞の単数2格語尾 /　その複数形　〔複数形の発音記号〕】

③ Übung 2 (→ S.17)

【複数形 Männer の格変化表】

Pl.	複数形の定冠詞	Männer
主格（1格）	die	Männer
属格（2格）	der	Männer
与格（3格）	den	Männern
対格（4格）	die	Männer

Übung 解答例

4) Übung 3 (→ S.18)

【定冠詞＋複数名詞の格変化表】

Sg.（単数形）	m.（der Bruder）	f.（die Schwester）	n.（das Buch）
意味	兄弟	姉妹	本
Pl.（複数形）	m.（die Brüder）	f.（die Schwestern）	n.（die Bücher）
1格（主格）	die Brüder	die Schwestern	die Bücher
2格（属格）	der Brüder	der Schwestern	der Bücher
3格（与格）	den Brüdern	den Schwestern	den Büchern
4格（対格）	die Brüder	die Schwestern	die Bücher

Lektion 5

1) Übung 1 (→ S.20)

【定冠詞類 dieser と定冠詞 der の格変化比較表】

	m.		f.		n.		Pl.	
	定冠詞類	定冠詞	定冠詞類	定冠詞	定冠詞類	定冠詞	定冠詞類	定冠詞
1格（主格）	dieser	der	diese	die	dieses	das	diese	die
2格（属格）	dieses	des	dieser	der	dieses	des	dieser	der
3格（与格）	diesem	dem	dieser	der	diesem	dem	diesen	den
4格（対格）	diesen	den	diese	die	dieses	das	diese	die

3a) Übung 2 (→ S.21)

【不定冠詞類（所有冠詞）】

1人称	ich →	mein	私の	wir →	unser	私たちの
2人称	du →	dein	君の	ihr →	euer	君たちの
	Sie →	Ihr	あなたの	Sie →	Ihr	あなた方の
3人称	er →	sein	彼の			彼らの
	sie →	ihr	彼女の	sie →	ihr	彼女らの
	es →	sein	それの			それらの

3b) Übung 3 (→ S.21)

【不定冠詞類（所有冠詞）mein と不定冠詞 ein の格変化比較表】（「複数（Pl.）」の比較対象は定冠詞）

	m.		f.		n.		Pl.	
	不定冠詞類	不定冠詞	不定冠詞類	不定冠詞	不定冠詞類	不定冠詞	不定冠詞類	定冠詞
1格（主格）	mein	ein	meine	eine	mein	ein	meine	die
2格（属格）	meines	eines	meiner	einer	meines	eines	meiner	der
3格（与格）	meinem	einem	meiner	einer	meinem	einem	meinen	den
4格（対格）	meinen	einen	meine	eine	mein	ein	meine	die

④ Übung 4 (→ S.22)

【否定冠詞 kein と不定冠詞 ein の格変化比較表】（「複数（Pl.）」の比較対象は不定冠詞類）

	m.		f.		n.		Pl.	
	否定冠詞	不定冠詞	否定冠詞	不定冠詞	否定冠詞	不定冠詞	否定冠詞	不定冠詞類
1格（主格）	kein	ein	keine	eine	kein	ein	keine	meine
2格（属格）	keines	eines	keiner	einer	keines	eines	keiner	meiner
3格（与格）	keinem	einem	keiner	einer	keinem	einem	keinen	meinen
4格（対格）	keinen	einen	keine	eine	kein	ein	keine	meine

⑤ Übung 5 (→ S.23)

【全文否定と部分（限定）否定の比較表】

		全文否定	部分（限定）否定
定冠詞付き名詞	nicht	(○) Ich liebe die Frau nicht.	(○) Ich liebe nicht die Frau.
	kein	(×) Ich liebe die Frau kein.	(×) Ich liebe kein die Frau.
不定冠詞付き名詞	nicht	(×) Ich liebe eine Frau nicht.	(○) Ich liebe nicht eine Frau.
	kein	(○) Ich liebe keine Frau.	———
無冠詞〔熟語〕	nicht	(×) Ich spreche Deutsch nicht.	(○) Ich spreche nicht Deutsch.
	kein	(○) Ich spreche kein Deutsch.	———

Lektion 6

① Übung 1 (→ S.24)

【不規則変化動詞 sein, wissen, haben, werden の現在人称変化表】

	sein	wissen	haben	werden
意味	（1格）である	（4格）を知っている	（4格）を持っている	（1格）になる
ich	bin	weiß	habe	werde
du	bist	weißt	hast	wirst
er / sie / es	ist	weiß	hat	wird
wir	sind	wissen	haben	werden
ihr	seid	wisst	habt	werdet
sie / Sie	sind	wissen	haben	werden

Übung 解答例

✏️ ② Übung 2 (→ S.25)

【a → ä と変化する不規則変化動詞現在人称変化表】

	a → ä			
	fahren	laufen	lassen	halten
意味	（乗り物で）行く	走る	（4格）にさせる	止まる
ich	fahre	laufe	lasse	halte
du	fährst	läufst	lässt	hältst
er / sie / es	fährt	läuft	lässt	hält
wir	fahren	laufen	lassen	halten
ihr	fahrt	lauft	lasst	haltet
sie / Sie	fahren	laufen	lassen	halten

✏️ ③ Übung 3 (→ S.25)

【e → i / e → ie と変化する不規則変化動詞の現在人称変化表】

	e → i				e → ie	
	geben	essen	sprechen	nehmen	lesen	sehen
意味	（4格）を与える	（4格）を食べる	（4格）を話す	（4格）を取る	（4格）を読む	（4格）を見る
ich	gebe	esse	spreche	nehme	lese	sehe
du	gibst	isst	sprichst	nimmst	liest	siehst
er / sie / es	gibt	isst	spricht	nimmt	liest	sieht
wir	geben	essen	sprechen	nehmen	lesen	sehen
ihr	gebt	esst	sprecht	nehmt	lest	seht
sie / Sie	geben	essen	sprechen	nehmen	lesen	sehen

Lektion 7

✏️ ② Übung 1 (→ S.29)

【規則変化動詞 gehen（「行く」）の命令法】

不定詞	du に対して	ihr に対して	Sie に対して
語幹 + en	語幹 + [e] !	語幹 + t !	語幹 + en Sie !
gehen	Geh [e] !	Geht!	Gehen Sie!

✏️ ③ Übung 2 (→ S.29)

【不規則変化動詞 e → i / e → ie 型の命令法】

不定詞	du に対して	ihr に対して	Sie に対して
sprechen	Sprich!	Sprecht!	Sprechen Sie!
lesen	Lies!	Lest!	Lesen Sie!

✏️ ④ Übung 3 (→ S.29)

【不規則変化動詞 sein, wissen, werden, haben, a → ä 型の命令法】

不定詞	du に対して	ihr に対して	Sie に対して
sein	Sei!	Seid!	Seien Sie!
wissen	Wisse!	Wisst!	Wissen Sie!
haben	Hab[e]!	Habt!	Haben Sie!
werden	Werd[e]!	Werdet!	Werden Sie!
fahren	Fahr[e]!	Fahrt!	Fahren Sie!

Lektion 9

✏️ ① Übung (→ S.38)

【人称代名詞の格変化表】

		1人称	2人称	3人称 彼	3人称 彼女	3人称 それ	敬称2人称
単数	1格	ich	du	er	sie	es	Sie
	2格	meiner	deiner	seiner	ihrer	seiner	Ihrer
	3格	mir	dir	ihm	ihr	ihm	Ihnen
	4格	mich	dich	ihn	sie	es	Sie
複数	1格	wir	ihr	sie			Sie
	2格	unser	euer	ihrer			Ihrer
	3格	uns	euch	ihnen			Ihnen
	4格	uns	euch	sie			Sie

Lektion 10

✏️ ② Übung (→ S.40)

【未来形のある平叙文の作り方】

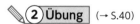

nach Deutschland reisen <u>werden</u>　ich 「ドイツに旅行する予定である」

ich （ werde ）

Ich werde nach Deutschland reisen.

Übung 解答例

Lektion 11

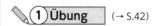 (→ S.42)

【分離動詞のある平叙文の作り方】

morgen um sieben Uhr auf<u>stehen</u>　「明日7時に起床する」

→ Er steht morgen um sieben Uhr auf.

Lektion 12

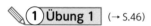 (→ S.46)

【定冠詞類 dieser の格変化の語尾】

	m.	f.	n.	Pl.
1 格	-er	-e	-es	-e
2 格	-es	-er	-es	-er
3 格	-em	-er	-em	-en
4 格	-en	-e	-es	-e

Übung 2 (→ S.47)

【形容詞の強変化における格変化の語尾】

	m.	f.	n.	Pl.
1 格	-er	-e	-es	-e
2 格	-en	-er	-en	-er
3 格	-em	-er	-em	-en
4 格	-en	-e	-es	-e

Übung 3 (→ S.47)

【形容詞の強変化】

	m. (neuer Tisch)	f. (neue Lampe)	n. (neues Auto)	Pl. (neue Autos)
1 格	neuer Tisch	neue Lampe	neues Auto	neue Autos
2 格	neuen Tisches	neuer Lampe	neuen Autos	neuer Autos
3 格	neuem Tisch	neuer Lampe	neuem Auto	neuen Autos
4 格	neuen Tisch	neue Lampe	neues Auto	neue Autos

Übung 4 (→ S.47)

【形容詞の弱変化における格変化の語尾】

	m.	f.	n.	Pl.
1 格	-e	-e	-e	-en
2 格	-en	-en	-en	-en
3 格	-en	-en	-en	-en
4 格	-en	-e	-e	-en

Übung 5 (→ S.48)

【形容詞の弱変化】

	m. (der neue Tisch)	f. (die neue Lampe)	n. (das neue Auto)	Pl. (die neuen Autos)
1格	der neue Tisch	die neue Lampe	das neue Auto	die neuen Autos
2格	des neuen Tisches	der neuen Lampe	des neuen Autos	die neuen Autos
3格	dem neuen Tisch	der neuen Lampe	dem neuen Auto	die neuen Autos
4格	den neuen Tisch	die neue Lampe	das neue Auto	die neuen Autos

Übung 6 (→ S.48)

【形容詞の混合変化における格変化の語尾】

	m.	f.	n.	Pl.
1 格	-er	-e	-es	-en
2 格	-en	-en	-en	-en
3 格	-en	-en	-en	-en
4 格	-en	-e	-es	-en

Übung 7 (→ S.48)

【形容詞の混合変化】

	m. (ein neuer Tisch)	f. (eine neue Lampe)	n. (ein neues Auto)	Pl. (meine neuen Autos)
1格	ein neuer Tisch	eine neue Lampe	ein neues Auto	meine neuen Autos
2格	eines neuen Tisches	einer neuen Lampe	eines neuen Autos	meiner neuen Autos
3格	einem neuen Tisch	einer neuen Lampe	einem neuen Auto	meinen neuen Autos
4格	einen neuen Tisch	eine neue Lampe	ein neues Auto	meine neuen Autos

Übung 解答例

2 Übung 8 (→ S.49)

【男性・女性の名詞化→人を表わす】

		そのドイツ人男性	あるドイツ人男性	そのドイツ人女性	あるドイツ人女性
1	格	der Deutsche	ein Deutscher	die Deutsche	eine Deutsche
2	格	des Deutschen	eines Deutschen	der Deutschen	einer Deutschen
3	格	dem Deutschen	einem Deutschen	der Deutschen	einer Deutschen
4	格	den Deutschen	einen Deutschen	die Deutsche	eine Deutsche

【中性の名詞化→事物を表わす／複数の名詞化→複数の人を表わす】

		そのドイツ的なもの	あるドイツ的なもの	そのドイツ人たち	私のドイツ人たち
1	格	das Deutsche	ein Deutsches	die Deutschen	meine Deutschen
2	格	des Deutschen	eines Deutschen	der Deutschen	meiner Deutschen
3	格	dem Deutschen	einem Deutschen	den Deutschen	meinen Deutschen
4	格	den Deutschen	ein Deutsches	die Deutschen	meine Deutschen

2 Übung 9 (→ S.50)

【中性：何か新しいこと／何も新しいものはない】〈2格なしの強変化〉

		etwas Neues (何か新しいこと)	nichts Neues (何も新しいものはない)
1	格	etwas Neues	nichts Neues
2	格	————	————
3	格	etwas Neuem	nichts Neuem
4	格	etwas Neues	nichts Neues

Lektion 13

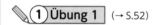 Übung 1 (→ S.52)

【話法の助動詞の現在人称変化表】

不定詞	dürfen	können	müssen	sollen	mögen	wollen	möchte
ich	darf	kann	muss	soll	mag	will	möchte
du	darfst	kannst	musst	sollst	magst	willst	möchtest
er / sie / es	darf	kann	muss	soll	mag	will	möchte
wir	dürfen	können	müssen	sollen	mögen	wollen	möchten
ihr	dürft	könnt	müsst	sollt	mögt	wollt	möchtet
sie / Sie	dürfen	können	müssen	sollen	mögen	wollen	möchten

✏️ ② Übung 2 (→ S.52)

【話法の助動詞のある平叙文の作り方】

Käsekuchen backen können　er「チーズケーキを焼くことができる。」

er（ kann ）

Er kann Käsekuchen backen.

Lektion 14

✏️ ① Übung 1 (→ S.56)

【wer と was の格変化表】

	wer	(定冠詞 m.)	was	(定冠詞 n.)
1格	wer	(der)	was	(das)
2格	wessen	(des)	—	(des)
3格	wem	(dem)	—	(dem)
4格	wen	(den)	was	(das)

✏️ ⑤ Übung 2 (→ S.58)

【不定代名詞の格変化表】

	(不特定の)人 *one*	誰か *somebody*	誰も〜ない *nobody*	誰でも *everybody*	(何か)物(事) *something*	何もない *nothing*
	man	jemand	niemand	jedermann	etwas	nichts
1格	man	jemand	niemand	jedermann	etwas	nichts
2格	eines	jemand(e)s	niemand(e)s	jedermanns	—	—
3格	einem	jemand(em)	niemand(em)	jedermann	—	—
4格	einen	jemand(en)	niemand(en)	jedermann	etwas	nichts

Lektion 16

✏️ ① Übung 1 (→ S.60)

【規則変化動詞の3基本形】

不定詞 語幹 + en	過去基本形 語幹 + te	過去分詞 ge + 語幹 + t
hören　聞く	hörte	gehört
lernen　学ぶ	lernte	gelernt
arbeiten　働く	arbeitete	gearbeitet
studieren　大学で学ぶ	studierte	studiert

Übung 解答例

✏️ ② Übung 2 (→ S.61)

【不規則変化動詞の 3 基本形】

不定詞	過去基本形	過去分詞	意味
sein	war	gewesen	ある
haben	hatte	gehabt	（4格）を持っている
werden	wurde	geworden	〜になる
gehen	ging	gegangen	行く
ausgehen	ging aus	ausgegangen	出発する
kommen	kam	gekommen	来る
bekommen	bekam	bekommen	（4格）を得る
stehen	stand	gestanden	立つ
aufstehen	stand auf	aufgestanden	起床する
verstehen	verstand	verstanden	（4格）を理解する
wissen	wusste	gewusst	（4格）を知っている
geben	gab	gegeben	（4格）を与える
tun	tat	getan	（4格）をする

✏️ ③ Übung 3 (→ S.62)

【現在人称変化】

ich	語幹＋e	wir	語幹＋(e)n
du	語幹＋st	ihr	語幹＋t
er / sie / es	語幹＋t	sie / Sie	語幹＋(e)n

【過去人称変化】

ich	過去基本形＋—	wir	過去基本形＋(e)n
du	過去基本形＋st	ihr	過去基本形＋t
er / sie / es	過去基本形＋—	sie / Sie	過去基本形＋(e)n

✏️ ④ Übung 4 (→ S.62)

【arbeiten, sein, haben, werden の過去人称変化】

不定詞	arbeiten	sein	haben	werden
過去基本形	arbeitete	war	hatte	wurde
ich	arbeitete	war	hatte	wurde
du	arbeitetest	warst	hattest	wurdest
er / sie / es	arbeitete	war	hatte	wurde
wir	arbeiteten	waren	hatten	wurden
ihr	arbeitetet	wart	hattet	wurdet
sie / Sie	arbeiteten	waren	hatten	wurden

Lektion 17

3 Übung (→ S.65)

【(a)「場所の移動」を示す自動詞／(b)「状態の変化」を示す自動詞／(c)「状態そのもの」を表わす自動詞】

意味	不定詞	完了不定詞句	意味	不定詞	完了不定詞句
(a) 行く	gehen	sein + gegangen	(a) 落ちる	fallen	sein + gefallen
(b) なる	werden	sein + geworden	(b) 死ぬ	sterben	sein + gestorben
(c) 〜である	sein	sein + gewesen	(c) とどまる	bleiben	sein + geblieben

Lektion 19

1 Übung 1 (→ S.72)

【再帰代名詞の格変化表】

sg.	1人称	2人称	3人称 【彼】	3人称 【彼女】	3人称 【それ】	2人称（敬称）
1格	—	—	—	—	—	—
2格	—	—	—	—	—	—
3格	mir	dir	sich	sich	sich	sich
4格	mich	dich	sich	sich	sich	sich

pl.	1人称	2人称	3人称			2人称（敬称）
1格	—	—	—			—
2格	—	—	—			—
3格	uns	euch	sich			sich
4格	uns	euch	sich			sich

3 Übung 2 (→ S.73)

1) sich[4] freuen （ 喜ぶ ）　　　2) sich[4] setzen （ 座る ）

3) sich[4] erkälten （ 風邪をひく ）

4 Übung 3 (→ S.73)

【再帰動詞 freuen の現在人称変化表】

人称代名詞（Sg.）	動詞	再帰代名詞	人称代名詞（Pl.）	動詞	再帰代名詞
ich	freue	mich	wir	freuen	uns
du	freust	dich	ihr	freut	euch
er	freut	sich	sie	freuen	sich
es	freut	sich	Sie	freuen	sich
sie	freut	sich	—	—	—

Übung 解答例

6) Übung 4 (→ S.74)

et⁴ merken「(4格)を気づく」→ sich³ et⁴ merken ((4格)を覚えておく)

7) Übung 5 (→ S.74)

【再帰動詞 denken の現在人称変化】

人称代名詞 (Sg.)	動詞	再帰代名詞	人称代名詞 (Pl.)	動詞	再帰代名詞
ich	merke	mir	wir	merken	uns
du	merkst	dir	ihr	merkt	euch
er	merkt	sich	sie	merken	sich
sie	merkt	sich	Sie	merken	sich
es	merkt	sich	—	—	—

Lektion 20

1) Übung (→ S.76)

【zu 不定詞と zu 不定詞句の比較対照表】

不定詞	wohnen	不定詞句	seit 5 Jahren in Berlin wohnen
意味	住んでいる	意味	5年前からベルリンに住んでいる
zu 不定詞	zu wohnen	zu 不定詞句	seit 5 Jahren in Berlin zu wohnen
意味	住んでいること	意味	5年前からベルリンに住んでいること

Lektion 21

1) Übung 1 (→ S.78)

【öffnen の受動不定詞】

不定詞	意味	(動作の) 受動不定詞句	意味
öffnen	開ける	werden + geöffnet	開けられる
不定詞	意味	(状態の) 受動不定詞句	意味
öffnen	開ける	sein + geöffnet	開いている (開けられている)

3) Übung 2 (→ S.80)

【öffnen, haben, loben の時制に応じた受動不定詞】

不定詞（現在形）	öffnen	haben	loben
動作の受動不定詞句(現在)	werden + geöffnet	werden + gehabt	werden + gelobt
動作の受動不定詞句(過去)	wurde + geöffnet	wurde + gehabt	wurde + gelobt
動作の受動不定詞句(現在完了)	sein + geöffnet worden	sein + gehabt worden	sein + gelobt worden

Lektion 22

① Übung 1 (→ S.82)

【形容詞 klein の原級・比較級・最高級】

原級	比較級	最高級
klein	kleiner	kleinst

② Übung 2 (→ S.83)

【規則変化する形容詞の比較級・最高級】

原級	比較級	最高級
alt	älter	ältest
jung	jünger	jüngst
kalt	kälter	kältest
stark	stärker	stärkst
warm	wärmer	wärmst

③ Übung 3 (→ S.83)

【不規則変化する形容詞の比較級・最高級】

原級	比較級	最高級
gut	besser	best
groß	größer	größt
hoch	höher	höchst
nah	näher	nächst
viel	mehr	meist

⑦ Übung 4 (→ S.85)

【副詞 gern の比較級・最高級】

原級	比較級	最高級
gern	lieber	am liebsten

Übung 解答例

Lektion 23

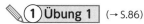 Übung 1 (→ S.86)

【定関係代名詞の格変化表】

	m.	f.	n.	Pl.
1 格	der	die	das	die
2 格	dessen	deren	dessen	deren
3 格	dem	der	dem	denen
4 格	den	die	das	die

③ Übung 2 (→ S.88)

【不定関係代名詞の格変化表】

	wer	was
1 格	wer	was
2 格	wessen	wessen
3 格	wem	—
4 格	wen	was

⑦ Übung 3 (→ S.89)

【指示代名詞 der の格変化】

	m.	f.	n.	Pl.
1 格	der	die	das	die
2 格	dessen	deren	dessen	deren (derer*)
3 格	dem	der	dem	denen
4 格	den	die	das	die

*複数 2 格 derer は関係代名詞の先行詞としてのみ使われる。

Z. B. → Die Geschichte derer, die in dem Land lebten, ist interessant. その国に生きていた人々の歴史は面白い。

Lektion 24

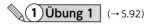 Übung 1 (→ S.92)

1)【過去人称変化語尾】

ich	過去基本形＋―	wir	過去基本形＋en
du	過去基本形＋st	ihr	過去基本形＋t
er / sie / es	過去基本形＋―	sie / Sie	過去基本形＋en

2)【接続法I式の現在人称変化語尾】(〔sein 以外の〕動詞の不定詞の語幹＋人称語尾)

ich	不定詞の語幹＋ e	wir	不定詞の語幹＋ en
du	不定詞の語幹＋ est	ihr	不定詞の語幹＋ et
er / sie / es	不定詞の語幹＋ e	sie / Sie	不定詞の語幹＋ en

3)【接続法II式の現在人称変化語尾】(〔不規則変化以外の〕過去基本形＋人称語尾)

ich	過去基本形＋ e	wir	過去基本形＋ en
du	過去基本形＋ est	ihr	過去基本形＋ et
er / sie / es	過去基本形＋ e	sie / Sie	過去基本形＋ en

2) Übung 2 (→ S.93)

【接続法I式の現在人称変化表】

不定詞	kommen	haben	sein	können
語　幹	komm	hab	sei	könn
ich　　(-e)	komme	habe	sei	könne
du　　(-est)	kommest	habest	sei(e)st	könnest
er / sie / es (-e)	komme	habe	sei	könne
wir　　(-en)	kommen	haben	seien	können
ihr　　(-et)	kommet	habet	seiet	könnet
sie / Sie (-en)	kommen	haben	seien	können

3) Übung 3 (→ S.93)

【規則変化動詞 lieben の接続法第II式の現在人称変化】

ich	liebte~~e~~ → liebte	wir	liebte~~e~~n → liebten
du	liebte~~e~~st → liebtest	ihr	liebte~~e~~t → liebtet
er / sie / es	liebte~~e~~ → liebte	sie	liebte~~e~~n → liebten

4) Übung 4 (→ S.94)

【不規則変化動詞 haben, sein, werden, gehen の接続法II式の現在人称変化表】

不定詞	haben	sein	werden	gehen
過去基本形	hatte	war	wurde	ging
II式基本形	hätte	wäre	würde	ginge
ich　　(-e)	hätte	wäre	würde	ginge
du　　(-est)	hättest	wär(e)st	würdest	gingest
er/sie/es (-e)	hätte	wäre	würde	ginge
wir　　(-en)	hätten	wären	würden	gingen
ihr　　(-et)	hättet	wäret	würdet	ginget
sie / Sie (-en)	hätten	wären	würden	gingen

Übung 解答例

5) Übung 5 (→ S.94)

【werden と haben の接続法Ⅰ式・Ⅱ式の現在時制と過去時制（1人称変化語尾）】

	接続法第Ⅰ式現在	接続法第Ⅰ式過去	接続法第Ⅱ式現在	接続法第Ⅱ式過去
werden	werde	sei + geworden	würde	wäre + geworden
haben	habe	habe + gehabt	hätte	hätte + gehabt

主要不規則動詞変化表

不定詞	直説法現在	過去基本形	接続法第2式	過去分詞
backen (パンなどを)焼く	*du* bäckst (backst) *er* bäckt (backt)	**backte**	backte	**gebacken**
befehlen 命令する	*du* befiehlst *er* befiehlt	**befahl**	beföhle (befähle)	**befohlen**
beginnen 始める, 始まる		**begann**	begänne (begönne)	**begonnen**
bieten 提供する		**bot**	böte	**geboten**
binden 結ぶ		**band**	bände	**gebunden**
bitten たのむ		**bat**	bäte	**gebeten**
bleiben とどまる		**blieb**	bliebe	**geblieben**
braten (肉などを)焼く	*du* brätst *er* brät	**briet**	briete	**gebraten**
brechen 破る, 折る	*du* brichst *er* bricht	**brach**	bräche	**gebrochen**
brennen 燃える		**brannte**	brennte	**gebrannt**
bringen 持って来る		**brachte**	brächte	**gebracht**
denken 考える		**dachte**	dächte	**gedacht**
dürfen …してもよい	*ich* darf *du* darfst *er* darf	**durfte**	dürfte	**gedurft** **dürfen**
empfehlen 推薦する	*du* empfiehlst *er* empfiehlt	**empfahl**	empfähle (empföhle)	**empfohlen**
erschrecken 驚く	*du* erschrickst *er* erschrickt	**erschrak**	erschräke	**erschrocken**
essen 食べる	*du* isst *er* isst	**aß**	äße	**gegessen**
fahren (乗物で)行く	*du* fährst *er* fährt	**fuhr**	führe	**gefahren**
fallen 落ちる	*du* fällst *er* fällt	**fiel**	fiele	**gefallen**
fangen 捕える	*du* fängst *er* fängt	**fing**	finge	**gefangen**
finden 見つける		**fand**	fände	**gefunden**
fliegen 飛ぶ		**flog**	flöge	**geflogen**

不定詞	直説法現在	過去基本形	接続法第2式	過去分詞
fliehen 逃げる		**floh**	flöhe	**geflohen**
fließen 流れる		**floss**	flösse	**geflossen**
frieren 凍る		**fror**	fröre	**gefroren**
geben 与える	*du* gibst *er* gibt	**gab**	gäbe	**gegeben**
gehen 行く		**ging**	ginge	**gegangen**
gelingen 成功する		**gelang**	gelänge	**gelungen**
gelten 値する，有効である	*du* giltst *er* gilt	**galt**	gälte (gölte)	**gegolten**
genießen 享受する，楽しむ		**genoss**	genösse	**genossen**
geschehen 起こる	*es* geschieht	**geschah**	geschähe	**geschehen**
gewinnen 獲得する，勝つ		**gewann**	gewänne (gewönne)	**gewonnen**
graben 掘る	*du* gräbst *er* gräbt	**grub**	grübe	**gegraben**
greifen つかむ		**griff**	griffe	**gegriffen**
haben 持っている	*du* hast *er* hat	**hatte**	hätte	**gehabt**
halten 持って(つかんで)いる	*du* hältst *er* hält	**hielt**	hielte	**gehalten**
hängen 掛かっている		**hing**	hinge	**gehangen**
heben 持ちあげる		**hob**	höbe	**gehoben**
heißen …と呼ばれる		**hieß**	hieße	**geheißen**
helfen 助ける	*du* hilfst *er* hilft	**half**	hülfe (hälfe)	**geholfen**
kennen 知っている		**kannte**	kennte	**gekannt**
kommen 来る		**kam**	käme	**gekommen**
können …できる	*ich* kann *du* kannst *er* kann	**konnte**	könnte	**gekonnt** **können**
laden (荷を)積む	*du* lädst *er* lädt	**lud**	lüde	**geladen**
lassen …させる	*du* lässt *er* lässt	**ließ**	ließe	**gelassen**

不定詞	直説法現在	過去基本形	接続法第2式	過去分詞
laufen 走る	*du* läufst *er* läuft	**lief**	liefe	**gelaufen**
leiden 悩む，苦しむ		**litt**	litte	**gelitten**
leihen 貸す，借りる		**lieh**	liehe	**geliehen**
lesen 読む	*du* liest *er* liest	**las**	läse	**gelesen**
liegen 横たわっている		**lag**	läge	**gelegen**
lügen うそをつく		**log**	löge	**gelogen**
messen 測る	*du* misst *er* misst	**maß**	mäße	**gemessen**
mögen …かもしれない	*ich* mag *du* magst *er* mag	**mochte**	möchte	**gemocht** **mögen**
müssen …ねばならない	*ich* muss *du* musst *er* muss	**musste**	müsste	**gemusst** **müssen**
nehmen 取る	*du* nimmst *er* nimmt	**nahm**	nähme	**genommen**
nennen …と呼ぶ		**nannte**	nennte	**genannt**
raten 助言する	*du* rätst *er* rät	**riet**	riete	**geraten**
reißen 引きちぎる		**riss**	risse	**gerissen**
reiten 馬に乗る		**ritt**	ritte	**geritten**
rennen 走る		**rannte**	rennte	**gerannt**
rufen 叫ぶ，呼ぶ		**rief**	riefe	**gerufen**
schaffen 創造する		**schuf**	schüfe	**geschaffen**
scheinen 輝く，思われる		**schien**	schiene	**geschienen**
schieben 押す		**schob**	schöbe	**geschoben**
schießen 撃つ		**schoss**	schösse	**geschossen**
schlafen 眠っている	*du* schläfst *er* schläft	**schlief**	schliefe	**geschlafen**
schlagen 打つ	*du* schlägst *er* schlägt	**schlug**	schlüge	**geschlagen**
schließen 閉じる		**schloss**	schlösse	**geschlossen**

不定詞	直説法現在	過去基本形	接続法第2式	過去分詞
schmelzen 溶ける	*du* schmilzt *er* schmilzt	**schmolz**	schmölze	**geschmolzen**
schneiden 切る		**schnitt**	schnitte	**geschnitten**
schreiben 書く		**schrieb**	schriebe	**geschrieben**
schreien 叫ぶ		**schrie**	schriee	**geschrien**
schweigen 沈黙する		**schwieg**	schwiege	**geschwiegen**
schwimmen 泳ぐ		**schwamm**	schwömme (schwämme)	**geschwommen**
schwinden 消える		**schwand**	schwände	**geschwunden**
sehen 見る	*du* siehst *er* sieht	**sah**	sähe	**gesehen**
sein 在る	*ich* bin *wir* sind *du* bist *ihr* seid *er* ist *sie* sind	**war**	wäre	**gewesen**
senden 送る		**sendete** (**sandte**)	sendete	**gesendet** (**gesandt**)
singen 歌う		**sang**	sänge	**gesungen**
sinken 沈む		**sank**	sänke	**gesunken**
sitzen 座っている		**saß**	säße	**gesessen**
sollen …すべきである	*ich* soll *du* sollst *er* soll	**sollte**	sollte	**gesollt** **sollen**
spalten 割る		**spaltete**	spaltete	**gespalten**
sprechen 話す	*du* sprichst *er* spricht	**sprach**	spräche	**gesprochen**
springen 跳ぶ		**sprang**	spränge	**gesprungen**
stechen 刺す	*du* stichst *er* sticht	**stach**	stäche	**gestochen**
stehen 立っている		**stand**	stände (stünde)	**gestanden**
stehlen 盗む	*du* stiehlst *er* stiehlt	**stahl**	stähle (stöhle)	**gestohlen**
steigen 登る		**stieg**	stiege	**gestiegen**
sterben 死ぬ	*du* stirbst *er* stirbt	**starb**	stürbe	**gestorben**
stoßen 突く	*du* stößt *er* stößt	**stieß**	stieße	**gestoßen**

不定詞	直説法現在	過去基本形	接続法第2式	過去分詞
streichen なでる		**strich**	striche	**gestrichen**
streiten 争う		**stritt**	stritte	**gestritten**
tragen 運ぶ，身につける	*du* trägst *er* trägt	**trug**	trüge	**getragen**
treffen 当たる，会う	*du* triffst *er* trifft	**traf**	träfe	**getroffen**
treiben 追う		**trieb**	triebe	**getrieben**
treten 歩む，踏む	*du* trittst *er* tritt	**trat**	träte	**getreten**
trinken 飲む		**trank**	tränke	**getrunken**
tun する		**tat**	täte	**getan**
vergessen 忘れる	*du* vergisst *er* vergisst	**vergaß**	vergäße	**vergessen**
verlieren 失う		**verlor**	verlöre	**verloren**
wachsen 成長する	*du* wächst *er* wächst	**wuchs**	wüchse	**gewachsen**
waschen 洗う	*du* wäschst *er* wäscht	**wusch**	wüsche	**gewaschen**
wenden 向ける		**wendete** (**wandte**)	wendete	**gewendet** (**gewandt**)
werben 得ようと努める	*du* wirbst *er* wirbt	**warb**	würbe	**geworben**
werden (…に) なる	*du* wirst *er* wird	**wurde**	würde	**geworden**
werfen 投げる	*du* wirfst *er* wirft	**warf**	würfe	**geworfen**
wissen 知っている	*ich* weiß *du* weißt *er* weiß	**wusste**	wüsste	**gewusst**
wollen …しようと思う	*ich* will *du* willst *er* will	**wollte**	wollte	**gewollt** **wollen**
ziehen 引く，移動する		**zog**	zöge	**gezogen**
zwingen 強制する		**zwang**	zwänge	**gezwungen**

ローツェ
―予習・確認・復習で達成するドイツ語―

検印 省略	© 2019 年 1 月 30 日　初版発行

著者　　　　　　　　　　馬場　浩平

発行者　　　　　　　　　原　雅　久
発行所　　　　　株式会社 朝 日 出 版 社
　　　〒 101-0065 東京都千代田区西神田 3-3-5
　　　　　電話 (03) 3239-0271・72（直通）
　　　　　　　http://www.asahipress.com
　　　　　振替口座　東京　00140-2-46008
　　　　　　　　　明昌堂／図書印刷

ISBN978-4-255-25418-0 C1084
乱丁、落丁本はお取り替えいたします。
本書の一部あるいは全部を無断で複写複製（撮影・デジタル化を含む）及び転載することは、法律上で認められた場合を除き、禁じられています。

初級者に優しい独和辞典

新装廉価版

今ドイツ人が日常使っている言葉で学ぶ学習辞典

早川東三
伊藤眞
Wilfried Schulte
＝著

B6変型判／750頁／
2色刷／発音カナ表記／
見出し語15,000

定価
[本体2,000円＋税]

独学！わかるぞドイツ語 CD付

これさえあれば独りでドイツ語がマスター出来る！

岡田朝雄＝著　A5判／240頁
定価[本体2,400円＋税]

『時事ドイツ語』バックナンバー

電子書籍刊行

- ストリーミング音声、和訳例、解答例付き
- 「政治、社会、経済、スポーツ」などの出来事を年ごとに紹介
- 紙書籍：毎年新刊を発行（但し、訳・解答なし）、電子版：紙書籍の2年前までをご用意（古い年度のものは、随時刊行予定）

各年度版：定価[本体1,500円＋税]

アマゾンKindle、紀伊國屋書店Kinoppy、楽天Kobo、BookLive!、hontoなどの電子書籍店でご購入いただけます。専用端末以外でも、お手持ちのスマートフォンやタブレット（iOS、Android）でお読みいただけます。

見本はこちらから

※pdfサンプルのため、実際の各種リーダー・アプリの操作、見え方とは異なる場合がございます。

●目と耳で効率的に学ぶ！

ドイツ語 電子単語帳

基礎約500語を厳選！

無料！

ここからスタート

（株）朝日出版社 第一編集部　〒101-0065 東京都千代田区西神田3-3-5　TEL：03-3239-0271